林蔭下教育

新界和離島學校的故事

編著

李子建　鄭保瑛　鄧穎瑜

黃詠筠　陳君堯

香港教育大學香港教育博物館

主編

李子建　鄭保瑛　鄧穎瑜

中華書局

本書編委會

序

　　香港的市區無疑繁華熱鬧，但郊外和離島卻另有一番光景。那兒寧靜而淳樸，既有美麗的自然風光，也有原居民村落，以及反映當地宗族文化的古蹟，充滿濃烈的歷史氣息和鄉土人情。鄉村學校源自中國傳統學塾，繼而過渡至近代學校體制。昔日村校遍布新界和離島，為農村和漁村的學童提供基礎教育。隨着城市發展和時代變遷，村校由戰後高峰時期的八百多所，到如今僅餘不足二十所，並各以不同的轉變，應對當前辦學和教育的需要。

　　早於 2006 年，香港教育學院（香港教育大學前身）與香港歷史博物館合作，進行香港鄉村學校研究計劃，探究本港鄉村教育的發展。2010年，香港教育博物館與香港歷史博物館將研究成果整理，共同策劃「林蔭下的學校：香港村校的歷史」及「林蔭下的學校：村校人和事」兩個展覽，與公眾分享有關鄉村教育歷史的悠久承傳，包括鄉村學校的發展概況及其對香港社會的貢獻。

　　《林蔭下教育：新界和離島學校的故事》可算是延續對鄉村教育的探究，進一步梳理新界和離島學校的起源，以及它們最新的發展與轉變。本書是「香港教育故事系列」第五部作品，亦是繼《搖籃地 —— 中西區教育今昔》和《承教‧城傳：九龍學校的故事》後，作為回顧香港地區教育發展的第三部。本書旨在回溯新界和離島的教育發展里程，藉着與各校師長、校友訪談，從他們對成長經歷的回憶，分享昔日鄉村校園生活的趣聞軼事 —— 學生上學時出入阡陌、不同級別學生在同一教室上課、放學後需協助家中農務或出海打魚等。點點滴滴勾勒出各鄉各村的歷史和發展，

從而印證教育與社區一起蛻變的片段。

　　本書涵蓋新界和離島學校的起源與發展、新界師範教育歷史、地區特色、人物訪談、傳統文化習俗等多個範疇，引領讀者回到上個世紀，感受新界和離島學生的求學生活，並深入探討社區節慶習俗，從多個角度了解新界和離島鄉村學校與整體社區文化生活脈絡的互動。

　　第一章介紹新界和離島地區教育的起源和發展。第一部分概述由鄉紳士人最初設立學塾，到後來轉型為現代學制村校這段經歷。第二部分則介紹建立村校的有志之士和各類辦學社群，包括傳統氏族、宗教團體、同鄉會等。第三部分介紹兩所為地區培養合格教師、發展新界基礎教育的新界師範教育院校，包括大埔官立漢文師範學校和香港官立鄉村師範專科學校。

　　第二章細數新界和離島多個地區的歷史與特色，並初步整理各校的創校緣由和歷史背景。在新界和離島各校全力支持下，李子建教授帶領編著團隊走訪多所成立於 1960 年代之前的鄉村學校；可惜由於疫情影響，加以資源所限，團隊未能走訪所有學校。訪談中，各校的資深校友分享了早至上世紀五十年代的鄉村校園生活，以及各校特別活動的美好回憶。此外，校長、老師也分享了他們的教學生活，見證學校如何在時代更迭中成長，致力為學生提供優質教育。

　　第三章聚焦於鄉村學校與鄉村社區文化的緊密關係，從而剖析學校與社區如何在不同層面互動，包括訂立學校假期、借出校舍，以及師生的參與。在新界和離島，不少傳統節慶仍承傳至今，編著團隊因此訪問了部

分籌辦社區節慶的人士和團體，以深入了解新界和離島舉辦這類傳統節慶的流程、傳承和發展，例如元朗錦田鄧氏的點燈，以及上水廖氏的秋祭等。從這些既隆重又熱鬧的儀式中，我們可以領會村校與鄉村之間，以及人與傳統鄉村文化之間深厚的連繫。

《林蔭下教育：新界和離島學校的故事》得以順利完成，並收錄大量珍貴照片和故事，實有賴眾教育工作者、校友、社區人士，以及相關學校機構鼎力襄助。編撰團隊謹向曾為本書接受訪問、慷慨提供資料及照片的每一位，致以深切謝忱。

李子建、鄭保瑛、鄧穎瑜

＊本書所發表內容及觀點僅純屬編著者及受訪者的個人意見，並不代表任何機構及其立場。

由於篇幅所限，本書內文未能收錄各個訪問全部珍貴的內容。讀者可使用手機掃描此二維碼瀏覽本書網站，觀看所有訪問的足本錄影及照片。

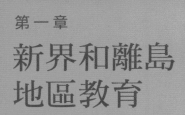

第一章

新界和離島
地區教育

編著者 ⫶⫶ 李子建、鄭保瑛

二帝書院
江啟明《香港村落》

一、起源和發展

　　新界是香港特別行政區的一部分，由九龍以北，東起大鵬灣，西至后海灣，北至深圳河的土地，加上以大嶼山為主逾 260 個島嶼所組成。「新界」之名是 1898 年英國租借這片土地後才出現，英文原稱「New Territory」，二十世紀初始改稱「New Territories」。新界最初還包括九龍一帶山嶺以南、界限街以北的地方，但自 1937 年起被劃作為「新九龍」歸入九龍區內。

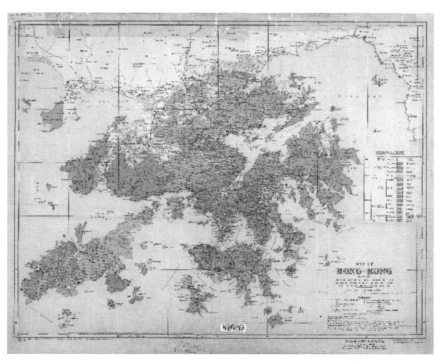

1905 年之香港地圖，由倫敦英國陸軍部按照《展拓香港界址專條》規定之邊界製作。
圖片來源：英國國家檔案館，由香港政府檔案處歷史檔案館提供

早期香港與「遷海令」

香港整體地勢山多平地少，據文獻記載，早年是以漁、鹽業為重心。可是在新界，尤其西北部，卻有大片肥沃農地，因而成為早期中原氏族南下聚居之處。根據考證，兩宋期間，遷入新界的氏族，包括：鄧氏、李氏和彭氏；及至元代，遷入新界的中原人士日漸增多，包括：龍躍頭鄧氏，屏山鄧氏，屯門、樟木頭、上水廖氏，屯門陶氏，河上鄉侯氏，衙前圍吳氏，大埔泰坑文氏，以及新田仁壽圍文氏等。明代的《粵大記》亦記載了新界有多條村落。

清順治十八年（1661 年），清政府為遏止台灣的反清勢力，頒布「遷海令」（又名「遷界令」），下令山東至廣東沿海一帶居民全部內遷 30 至 50 里。當時香港地區各村皆位於被遷境內，西北面自新田起，東北方至沙頭角止，南面所有村落均要遷移。「遷海令」直至康熙二十三年（1684 年）方被完全廢除，但由於法令已施行 20 多年，願意遷回原居地的人不多，清政府因此決定減輕賦稅，開放更多科舉名額，藉此吸引居民重回沿海地區，開墾土地。

客族遷入香港境內，始於宋末元初。清初遷海前，居於香港地區的客族因已長久定居，故稱為「本地人」，而復界後才大批遷入的客籍人士則稱為「客家人」，他們在嶺南一帶分佈甚廣。大量中外文獻均提及客家人對教育的重視，例如：法籍神父雷卻利（Rev. Charles Rey）在其 1901 年出版的《客法詞典》〈自序〉中便提到：在嘉應（今廣東省梅州市）這個只有 30 萬、40 萬人的地方，到處都是學校。其中一個人口不到 3 萬人的客家城鎮，便有數十所學校，鎮上居民一半是學生；而在鄉郊的客家村落，即使人口不足 5,000，至少也有一所學校。若按人口比例，不單冠絕全國，甚至對比當時歐美各國也毫不遜色。此外，各村各族均期望藉着族中子弟考獲功名來鞏固地位，因而非常重視子弟的教育，這亦是新界鄉村教育發展蓬勃的一大原因。

昔日新界和離島農村子弟，因家中農務繁忙，小小年紀便要下田和看牛。攝於 1961 年。
圖片來源：香港政府新聞處

直至上世紀中，新界和離島居民大多以務農為生，種植稻米、蔬果。攝於 1960 年代。
圖片來源：香港大學圖書館

新界和離島的漁民子弟，要跟隨父母出海捕魚，難以入學。後來，香港魚類統營處設立多所漁民子弟學校，為漁民社區學童提供入學機會。攝於 1964 年。
圖片來源：香港政府新聞處

沙頭角一條客家村落裡，戴着客家頭巾的婦女在以蓆圍起的大桶旁打穀。攝於 1910 年代。
圖片來源：香港大學圖書館

新界和離島農民亦以畜牧為業，主要飼養豬、雞、鵝、鴨、鴿等。攝於 1961 年。
圖片來源：香港政府新聞處

「遷海令」下，新界和離島居民無奈離開家園，空置房子漸為樹木佔據。圖為錦田一幢石屋為榕樹
包圍，形成獨特樹屋。
圖片來源：錦田鄉事委員會

香港第一所學校與新界的早期教育

　　我國辦學歷史源遠流長，《禮記》〈學記〉中便有云：「古之教者，家
有塾，黨有庠，術有序，國有學。」「塾」是指大門內兩側用作教學的地
方，教授的對象是家族內血脈相連的子姪，或是鄰里。這些家塾亦稱為
「書室」、「私塾」或「支支齋」等。最早見載於文獻在香港的學校，就是
一所位於新界的書院。清嘉慶二十四年（1819 年）出版的《新安縣志》

卷四〈山水略〉便記述了新界錦田鄧氏祖先鄧符修築力瀛書院，為鄧氏族人提供高級教育的一段歷史。力瀛書院大約建於 1106 至 1110 年間，較廣州禺山書院、番山書院等廣東著名書院，還要早一個世紀創立。

　　我國早期書院多以名士學者為中心，從一些祀賢祠演變而成，可見書院不單是讀書的地方，也兼具祭祀先賢的功能。新界錦田鄧氏積極辦學的同時，也承襲這種祭賢立院的傳統，當中最為人熟悉的，莫如 1840 年建於錦田水頭村的二帝書院。二帝書院備受各地學者重視，並以到此講學為榮，為當時錦田地區地位最高的學府。二帝書院修築之地本為一座供奉文武二帝的文塔，清道光年間（1821 至 1850 年）被毀。為了教育下一代，鄧氏族人組織「二帝會」，集資興建二帝書院，並購買田地租予外人以維持經費，令較貧困的族中子弟無需繳交學費就讀。書院一直營運至二十世紀初，並曾推行現代教育，演化為一所小學；可惜日佔時期後便一直空置；1992 年，獲評定為香港法定古蹟。

　　1970 年代，已故香港著名教育工作者王齊樂教授曾到新界各地尋訪多所清代書室遺址，查找到 25 所書室，包括：上水廖萬石堂、沙頭角鏡蓉書屋、屏山覲廷書室、大埔敬羅家塾等。1990 年代，何惠儀和游子安撰寫的研究中，亦整理出新界 45 所於清代創立或重修的書室；其中絕大部分是建於農業相對興盛的新界平原和谷地，例如：錦田、屏山、上水、粉嶺等。新界書室的授業，主要目的是幫助學子藉着科舉考取功名，以期獲朝廷頒授官職，光宗

二帝書院位於錦田水頭村，為供奉文昌和關帝之所，亦曾為鄧氏子弟學塾，現為香港法定古蹟。
圖片來源：錦田鄉事委員會

觀廷書室位於屏山坑尾村，為紀念中舉前人鄧觀廷而建，亦為培育族中子弟之場所。英政府接管新界後，曾派教師進駐，教導兒童中英文，開創新界現代學校先河。攝於 1962 年。
圖片來源：香港大學圖書館

耀祖。有清一代，成功考取功名的新界學子為數不少，計有：通過童試的秀才約 150 名、通過鄉試的舉人約 20 名，而錦田的鄧文蔚更考獲甲科進士。由此可見，新界雖處華南一隅，各家各族都很重視教育，文風不算薄弱，而書院更有一定數量的學生和規模。直至今天，部分新界氏族保存的族譜中，仍有記載高中科舉的子弟姓名，更有祠堂、書室擺放有功名子弟的官爵牌匾。

新界地區被租借予英國政府

1898 年，清政府與英國政府簽訂《展拓香港界址專條》（Convention Between the United Kingdom and China Respecting an Extension of Hong

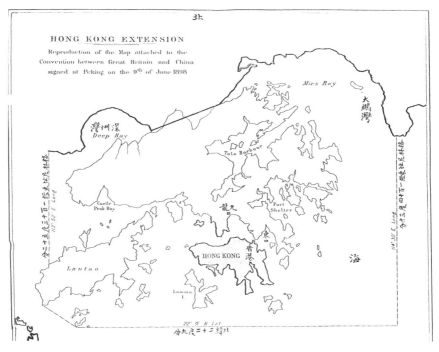

1898 年，清廷與英國簽訂《展拓香港界址專條》。此為附帶之地圖，標明香港邊界範圍。
圖片來源：香港大學圖書館

Kong Territory），九龍界限街以北至深圳河的土地及 235 個島嶼以 99 年
為期，租借予英國，正式歸入英國管治並稱為「新界」。1899 年 7 月 8 日
及 15 日，港英政府先後頒布新界行政區域的劃分，並委任各區委員。當
時新界共分為八個約，包括：九龍、沙頭角、元朗、雙魚、六約、東海、
東島和西島。

　　整個新界面積達 900 多平方公里，村落分佈鬆散，並無統一規劃。
新界地區的道路網絡直至 1950 年代末才真正發展。其他方面，尤其社會
民生，也因政府的不干預政策而發展緩慢，教育便是其中之一。不過，正
因政府這種放任態度，反而令新界的傳統學塾、鄉村學校較香港島和九龍
半島的有更悠久的傳承歷史。當然，新界也無法完全脫離香港整個城市的
急速發展。二十世紀初，新界面貌出現極大變化，而興辦教育的團體和模
式也和以往截然不同。教會學校、公立學校相繼出現，連傳統學塾也因應
現代化教育的需求，漸漸發展為獨具新界特色的鄉村學校。

1899 年，英國與清廷官員根據《展拓香港界址專條》於沙頭角海岸邊豎立界樁。
圖片來源：香港政府新聞處

租借後的新界教育

《展拓香港界址專條》正式簽署後，時任輔政司駱克（Sir James Haldane Stewart Lockhart）獲派往新界進行地理、自然生態、人口、經濟、教育等方面的調查，以幫助政府制訂適合新界的發展計劃。駱克在報告中指出，當時新界幾乎每條鄉村都設有教授中文的學校，鄉村教育的規模遠超他的預期。駱克認為應要保留這些鄉村中文書塾，但同時也要推動英文教育。他建議聘請一些雙語教師任教，並提供獎學金，讓成績優秀的學生到香港島的皇仁書院升學。不過，這些建議卻沒有即時執行；而新界的傳統習俗文化，包括教育模式，亦因政府的不干預方針而得以承傳。1920 至 1930 年代，部分新界學校仍維持學生入學時拜祭孔子的開學儀式。學生要帶備三牲、香燭及蔥等祭品，在塾師的帶領下叩拜孔子像，足見當時書塾仍兼具祭祀先賢的功能。

1898 年英國向清政府租借新界，翌年鄉民組織抵抗，戰事持續六天，並以失敗告終。1899 年，港督卜力爵士於大埔墟與新界紳耆會面，解釋管治新界原則，並舉行升旗禮。
圖片來源：英國國家檔案館

　　傳統書塾的教育模式，在新界被接管後，並沒有太大變化。可是，1905 年清政府正式廢除實行了 1,300 多年的科舉制度，培養備考科舉人才的書塾頓然失去原來目的，令新界傳統書塾地位受到嚴重衝擊。幸而新界的教育事業並未因而止步，部分書塾仍繼續辦學，並在傳統的「四書五經」課程中，加入珠算、尺牘等應用課程，以滿足當時社會需要，亦幫助子弟學習謀生技能。

　　與此同時，政府和一些海外宗教團體也開始在新界興辦學校。1905至 1906 年間，政府先後在屏山及大埔建立兩所初級英文學校，不過屏山的一所於 1907 年停辦。其後，政府在長洲也開設一所同類學校，希望在新界各區普及英語教育。可惜英文學校未為當時的新界居民接受，一方面是因為傳統學塾模式在新界已推行多年，根深柢固；另一方面則是學塾已能提供「功能識字」的基本教育，加以學費低廉，令英文學校吸引不到居民子弟就讀。

外國宗教團體方面，美國浸信會的傳教士早於 1843 年已在長洲傳道，並於 1851 年在島上建立教堂、設辦女校。事實上，新界被租借後，更多西方宗教團體進入新界地區辦學，其中倫敦傳道會（London Missionary Society）於 1904 年聯同華人自理會道濟會堂（今中華基督教會合一堂）和愉寧堂（現稱佑寧堂）合作，組成「香港新界傳道會」（Hong Kong and New Territories Evangelisation Society），於新界多處佈道植堂、建立學校。荃灣的全完書室（創立於 1905 年）、元朗的真光書室（創立於 1906 年）等，便是香港新界傳道會興辦的學校；該會更於 1915 年在真光書室旁增建女子學校，其後於 1918 年再於長洲大新街基督教談道所旁開辦端儀女校。這些教會學校不僅在新界開啟了西方教育的先河，更將女子教育帶入新界和離島社區。

俗稱「支支齋」的私塾上課之情況。
圖片來源：政府檔案處歷史檔案館

港英政府對新界學塾的補助

1911 年辛亥革命後，中國內地政局不穩，不少人南來香港避難，導致人口驟增。一些華人知識分子便陸續開辦多所私立中文學校，滿足當時需要。政府亦為了應付人口急增帶來的教育需求，以及更完善地監管學校，頒布《一九一三年教育條例》，明令所有學校必須註冊，並接受規管。原則上，政府對新界教育仍維持不干預態度，因此相關政策並未在新界實施。其實政府並沒有放棄將所有學校納入規管的方針，1913 年便指派當時庇理羅士女子公立學校高級漢文教師宋學鵬為督學，到新界考察鄉村學塾的情況。宋學鵬提交的報告指出，新界鄉村學塾的教學質素很多方面未如理想，包括：校舍環境骯髒、缺乏現代化教學方法、教師收入不穩定、教學語言混亂等。報告一共紀錄了 260 所於 1913 年間開班辦學的書塾，以大埔及元朗數目最多，兩區各有逾 40 所。在整合新界學塾資料後，政府決定資助其中位於大埔、沙田、上水、沙頭角及西貢 23 所學塾合共 425 名學生，給予每所 5 至 50 元不等的津貼。這些最早獲得政府津貼的鄉村書塾，學校設備得以改善，教師收入亦得以提高。當然，接受津貼的學塾亦須接受政府派出的督學定期巡查。到了 1921 年，新界學校才正式納入《一九一三年教育條例》規管，並須向政府註冊；不過，與香港島及九龍學校相比，新界學塾在師資和課程上仍保留一定的自主性。

1920 年代初，中華民國北洋政府推行六年小學、三年初中、三年高中的「壬戌學制」，並於 1923 年頒布《中小學課程綱要》，規範小學需要教授的 12 個科目。內地學制的改變促成新界學塾的轉型，從學塾漸漸蛻變為新式學校。1926 年，港英政府成立大埔官立漢文師範學校，為新界學校培訓老師。這些接受新式師範教育的老師逐步取代舊有塾師，而書塾也從名字、教學模式等多方面轉型成今天的「學校」。可惜新界學校的發展剛起步不久，便遭遇第二次世界大戰的沉重打擊。戰爭期間，整個新界的教育停滯不前，不管是書塾還是新式學校，大多被破壞或荒廢。

戰後新界教育發展與鄉村學校

　　第二次世界大戰結束後，國共內戰又接踵而至，大量難民湧入香港。政府為了應付數目急增的學童，在新界推行多項措施發展教育，包括：於 1946 年開辦香港官立鄉村師範學校，以及後來推行「一元津貼一元」的建校撥款方式，鼓勵民間辦學等。自 1950 年代開始，學校亦應政府要求改為上、下午班上課，每班學生人數達 40 以上，而課室、校舍亦急需擴建。在需求和資源日益增加的情況下，1950 至 1960 年代，新界各處的鄉村學校得以蓬勃發展，學校數目也急速增加。1963 年的《香港教育委員會報告書》指出，新界各區共有 272 所津貼日校、3 所津貼夜校、83 所私立日校、12 所私立夜校，以及 9 所官立學校（只有日校），學生人數逾 10 萬。不過報告亦指出，新界地區只有少量中學。1960 年代初，

鄉村學校學生多為步行上學。攝於 1969 年。
圖片來源：香港政府新聞處

早期鄉村學校校舍較為狹窄。圖為八鄉元崗公立學校的教室，攝於 1962 年。
圖片來源：香港大學圖書館

鄉村學校校舍多為平房，早期設施相對簡陋。圖為沙田城門河畔之培光學校，攝於 1961 年。
圖片來源：香港大學圖書館

政府在新界各地開設的中學，只有長洲官立中學、荃灣官立中學及荃灣官立實用中學（後稱荃灣官立工業中學）。許多有意參加中學會考的新界學生惟有跋涉到九龍，甚至香港島的中學就讀。其實當時新界土地供應遠比香港島和九龍半島充足，因此教育委員會建議在增加新界中學學位的同時，亦應在建設新市鎮的規劃內，預留足夠可容納遊戲場所的合適地段以興建學校。

說起來，「鄉村學校」一詞在香港原來並沒有一個完整和官方的定義。一般而言，鄉村學校是泛指設於郊外偏遠地區，並為鄰近村落兒童提供教育的學校。香港歷史博物館與香港教育學院（香港教育大學前身）於 2006 至 2008 年間進行「香港鄉村學校研究計劃」，整理了眾多新界學校的資料和口述歷史，並為「鄉村學校」一詞定下框架：一、多為民間辦學，辦學團體亦多具鄉事背景；二、全校不多於 12 班，大都只有 6 班；

不少鄉村學校戶外活動空間遼闊，校內更可舉辦運動會等大型活動。
圖片來源：香港教育大學香港教育博物館，特別鳴謝坪洋公立學校

三、校舍多為金字頂或平房式單層建築；四、歷史可追溯至戰前私塾，並於 1950 至 1960 年代蓬勃擴展。不過，與傳統書塾不同，現今的鄉村學校不再僅屬於一村一姓，也不再使用村內祠堂為塾址，而是擁有自己獨立的校舍，校舍旁並通常設有面積較大的活動場地，部分更有田地和花園，讓學生體驗多元的課外活動。雖然不少鄉村學校設備或有不足，部分更要採用複式教學，即是兩個或以上級別的學生要在同一教室上課，但其濃厚的人情味卻為人津津樂道。早期的鄉村學校更承傳了古時塾師與鄰近鄉里間的互助精神。由於鄉村學校的校長和老師均知書識墨，不時獲邀參與村中事務，如：打醮、巡遊，以至幫助鄉民閱讀信件和政府公文等，成為鄉村不可或缺的一員。儘管鄉村學校在硬件上並不完備，在 1950 至 1970 年代卻曾大放異彩，不少學生可以考進市區著名中學，繼而升讀大學，人才輩出。

1950 至 1970 年代，教育司署在正規課程中設立農村常識科，簡稱農常，內容涵蓋：農科、物理、化學等。部分村校曾教授農常科，校內更設有農田，讓學生得以實踐所學。
圖片來源：香港教育大學香港教育博物館，特別鳴謝新界神召會惠群學校

漁民子弟學校上課情況。攝於 1980 年代。
圖片來源：香港教育大學香港教育博物館，特別鳴謝魚類統營處

離島教育

　　離島與新界相似，早期同樣以傳統學塾為主。1900 年代前後，各離島陸續建立學校，當中不少更一直營辦至今。在人口較多的離島中，長洲的教育發展較具規模。島上的國民學校，由三所私塾合併而成，歷史可追溯至 1899 年。創立於 1908 年的長洲官立中學，是離島區最具歷史的官立學校，二戰之前已成為島上最高學府。當時島上居民一般都稱之為「英文書館」，可見其有別於其他傳統學塾。

梅窩鄉民於 1939 年將三所私塾合併，創辦梅窩學校。攝於 1982 年。
圖片來源：梅窩學校

其他離島方面，梅窩學校創辦於 1939 年；至於中華基督教會大澳小學，前身為創辦於 1917 年的大澳義學，並於 1925 年以中華基督教會名義創立大澳學校，1999 年才正名為中華基督教會大澳小學。這兩所位於大嶼山的學校一直營辦至今。南丫島現時唯一一所小學，南丫北段公立小學（前名南丫北段公立學校），創立於 1949 年，至今仍一直辦學。至於坪洲，建於 1935 年的公立志仁學校是島上歷史最悠久的小學，可惜最終於 2006 年因收生不足而停辦。此外，南丫島和坪洲至今仍未設立任何中學。

鄉村學校的式微

從戰後直至 1970 年代，鄉村學校發展迅速。可惜到了 1980 年代，不少鄉村學校因收生不足而被迫縮班，甚至關閉。事實上，村校的興衰正與香港社會的發展互相呼應。首先，政府推廣家庭計劃，四人核心家庭漸漸普及。由 1980 年代直至二十一世紀，香港出生人口逐年下降，適齡學童數目持續減少；加以部分新界村民移居海外，或因不願務農而搬往市區謀生，令鄉村年輕人口進一步減少，影響生源。此外，1980 年代新市鎮發展，設有 24 間教室的標準校舍陸續建成。相比村校，這些校舍的設備更為完善，自然較吸引學生，導致部分村校收生不足，繼而被淘汰。到了 1990 年代，由於新來港學童與跨境學童持續上升，北區的標準學校學額未能應付需求，部分村校才得以繼續辦學，肩負教育這些學童的重任，例如：位於蓮麻坑的敬修學校，這段期間學生人數持續上升，回復至約有百多名的水平，直至 2009 年才完成歷史使命，正式停辦。儘管部分鄉村學校受到上述種種不利因素影響，日漸式微，但整個新界區卻一直持續發展。直至 2006 年，新界人口佔全港的比例已達 52.1%，反映新界新市鎮的發展帶動了人口遷移。

二、多元化的辦學模式

　　相比香港島和九龍半島，新界有着迥然不同的歷史發展和地緣色彩，新界學校的營辦模式也因而別具特色。新界學校主要承襲中國私塾傳統，大部分校舍借用祠堂的地方或兼作祠堂之用，小部分則由村民集資興建。隨着時代變化，新界分別發展出由傳統氏族、宗教團體、同鄉會、業務社團、個人或民間組織興辦的各類學校。本節將略述一二。

宗族辦學

　　新界學校的歷史，可以遠溯至宋代。當時中國對外貿易相當蓬勃，香港作為海上絲綢之路的貿易中轉站，享有水運之利，漸漸吸引中原氏族南來定居，包括：錦田鄧氏、上水侯氏、粉嶺彭氏、新田文氏、上水廖氏等。這五大氏族不少是因為當官而被調派到南方。他們主要務農，也有從事漁業和製鹽業，仍保持傳統宗族社會作風。五大氏族各自設有書院，培養子弟，也惠及附近鄰里。至於規模較小的鄉村和宗族，也會設立學塾照顧族中子弟。

宗族興辦之鄉村學校獲宗族大力支持，除撥出田地興建校舍外，更提供不少設施。圖為河上鄉河溪學校設於戶外之遊樂設施，攝於 1952 年。
圖片來源：香港大學圖書館

錦田永隆圍及錦田公路之面貌。攝於 1975 年。
圖片來源：鄭寶鴻先生

鄧氏

原籍江西省吉安府吉水縣白沙村。北宋時，江西吉水人鄧漢黻曾孫鄧符，解官之後舉家遷居岑田，即今日錦田，成為新界鄧氏始祖，其後更散居新界其他地區。

力瀛書院

王齊樂於《香港中文教育發展史》一書指出，香港紀錄上首所傳統學塾 —— 力瀛書院，早於宋代時由鄧符在錦田建立，開創講學之風。

泝流園

泝流園又稱知稼堂，為鄧權軒於十八世紀末所建，原本用作解決族中糾紛之所，其後十九世紀中改為支支齋。1952 年後，村民大多轉讀錦田公立蒙養學校，泝流園才停辦支支齋。

二帝書院

清道光年間（1821 至 1850 年），錦田 16 名士紳籌組「二帝會」，於水頭村建二帝書院，供奉文武二帝，並用作研習學術的書室。二帝書院後來成為重要學府，不少著名學者亦曾在此講學。二十世紀初，現代教育推行，二帝書院亦轉為小學，約有 30 名學生。日佔時期，書院雖仍供奉文武二帝，卻已不再用作學校，戰後更一直空置。

力榮堂書室

建於 1835 年前，屬錦田鄧氏私塾。隨新式學校成立，於 1950 年代停止辦學。書室於 1994 年獲評定為二級歷史建築，並於 2010 年進一步確認為一級歷史建築。

達德學校位於元朗屏山愈喬二公祠的校舍。攝於 1957 年。
圖片來源：香港大學圖書館

鄧虞階書室

鄧虞階書室現為三級歷史建築，建於清末，是秀才鄧虞階於十九世紀初在錦田創辦的私塾，為族中子弟供書教學。

耕心堂

鄧耕心於清光緒年間（1880 年代）在錦田建立耕心堂，為典型私塾，1920 年代才改作祠堂，現已獲評定為三級歷史建築物。

達德學校

由屏山鄧族出資興建，創校於 1931 年，最初以愈喬二公祠為校舍。抗日戰爭時停課，1947 年再獲政府全額津貼，1974 年遷至樓高兩層的新校舍。至 1998 年停辦。

侯氏

　　侯氏發源自上谷（現為河北省中西部），宋代南遷至廣東省，其後侯氏兩個分支定居東莞縣河上鄉及谷豐嶺（現稱孔嶺），後再分支至金錢、燕崗、丙崗等地。

　　第二次世界大戰前，河上鄉的居石侯公祠曾用作書室，為侯氏子弟提供教育；戰後停辦。1953年，鄉民於居石侯公祠附近，建立河溪學校，為上水區最早的政府津貼小學，直至1990年代才停辦。而金錢村村民在1902年將宗福堂撥作教育之用，成立宗福學校。1954年，受何東爵士贊助，建成新校舍，並定名為金錢村何東學校。

金錢村何東學校楊松華老師和學生在宗福學校前合照。攝於二十世紀上半葉。
圖片來源：金錢何東學校

彭氏

　　粉嶺彭氏，原居江西。南宋年間，自揭陽遷到東莞縣龍山地區（今粉嶺龍躍頭一帶），並於明萬曆年間，徙居粉壁嶺一帶，立圍定居。

　　思德書室位於粉嶺圍南面，為彭氏家祠開辦的私塾，一直採用支支齋形式教學。1936 年，書室接受政府津貼，並正名為粉嶺學校（今粉嶺公立學校）。1957 年，學校遷至毗鄰的新校舍，書室則改作學校教師與校長的宿舍。時至今日，書室只供族人作祭祀及宴會之用。

粉嶺公立學校前身為思德書室，為粉嶺圍彭氏祠堂和家塾。
圖片來源：香港教育大學香港教育博物館

文氏

　　新田文氏，原居江西省永新北鄉錢市。元末明初，文氏子孫開始遷入新界。明永樂年間，文氏族人遷至元朗新田一帶定居，開枝散葉；其中蕃田村更是新田文氏族人主要的聚居地。而文氏另一支，則在大埔泰坑（現稱泰亨）建村。

　　文氏建有不少書室，包括：藝浣堂、善慶書室、叢桂書室和正倫書室，均建於清代。取替藝浣學校（前身為藝浣堂）的泰亨公立學校，創辦於 1962 年，可惜其後因收生不足而停辦。元朗新田惇裕學校，前身亦為文氏祠堂學塾，於 1941 年向政府註冊並獲津貼。及後新校舍於 1953 年建成，一直沿用至今，為該區提供小學教育。

惇裕學校本於祠堂辦學。1950 年代，文氏鄉民募捐土地和資金，籌建圖中新校舍。攝於 1954 年。
圖片來源：惇裕學校

廖氏

上水廖氏，原居福建汀州。元朝末年，廖祖仲傑公由閩遷粵，初時落戶屯門，其後移居福田，三徙至雙魚河，元至正十年定居上水。廖氏主要定居於上水雙魚河流域上水圍 12 條村內。

1932 年，鳳溪公立學校以上水廖萬石堂為校址，成功向政府註冊；1952 年，開辦初中，其後遷往上水馬會道旁正式校舍。1963 年，創辦鳳溪幼稚園，中學改名鳳溪第一中學；1965 年，再開辦鳳溪第二中學。1974 年，鳳溪小學遷往新址。2005 年，鳳溪小學上、下午校改為全日制，分拆為鳳溪第一小學及鳳溪第二小學（2008 年正名為鳳溪創新小學），為區內歷史最悠久的學校之一。

鳳溪公立學校於 1932 年由廖族賢達於廖萬石堂創辦，至 1974 年遷至位於馬會道新校舍。圖為廖萬石堂。
圖片來源：廖駿駒先生

　　五大氏族以外，新界其他氏族亦各有自己的學塾。編著團隊嘗試從文獻資料中，整理出部分新界鄉村家塾的資料。表列如下：

地點	書塾名稱	建立年份	停辦年份	創辦者	補充資料
離島					
汾流	應綱梁公祠	清末	1956 年	梁氏	應綱梁公祠是汾流梁氏的宗祠，設有私塾，亦供附近其他姓氏子弟就學。學塾於汾流學校建成後結束。
南丫島大灣新村	陳氏家塾	1921 年	不詳	陳氏	陳氏家塾在 1949 年位於榕樹嶺的公立學校（現南丫北段公立小學）落成前，是村民的學塾，亦作宗祠的用途。
東涌	何氏書室	不詳	不詳	何氏	現留有一塊何氏書室的牌匾棄置在東涌炮台附近。
北區					
沙頭角上禾坑	鏡蓉書屋	清初	1986 年	李氏	
南涌李屋村	靜觀家塾	1900 年	1960 年	李敬忠	南涌首間及唯一的古老私塾。家塾於 1930 年代註冊為靜觀學校。1960 年南涌公立學校校舍建成後，靜觀學校便停止辦學。
上水鄉大元村	應鳳廖公家塾（明德堂）	1828 年	不詳	廖氏	在應龍廖公家塾後面。廖應鳳與廖應龍是同胞兄弟。
上水鄉門口村	廖萬石堂	1751 年	1932 年	廖氏	廖萬石堂建於 1751 年，曾作私塾（開辦年份沒有考證）。1932 年族人向政府申請在堂內成立鳳溪小學，1974 年，鳳溪小學遷往新址。
上水鄉大圍村	圖南書室	不詳	不詳	不詳	
上水鄉大圍村	萃英堂	不詳	不詳	不詳	
上水圍莆上村	應龍廖公家塾（顯承堂）	1838 年	1988 年	廖氏	家塾於 1910 年曾是攴攴齋，1965 年改建為幼稚園，一直營辦至 1988 年。

（續上表）

地點	書塾名稱	建立年份	停辦年份	創辦者	補充資料
上水圍 莆上村	允升家塾	1861 年	不詳	廖允升	
龍躍頭 新屋村	善述書室	1840 年	1938 年	鄧氏	書室除用作教學外，也用來祭祀祖先。戰後曾改作幼稚園，現在亦已停辦。
粉嶺圍	思德書室	不詳	1936 年	彭步進	書室亦是彭氏家祠。至 1936 年轉為津貼學校，名為粉嶺公立學校。1948 年，香港官立鄉村師範專科學校利用書室教授小學初班，至 1957 年為止。
蓮麻坑村	敬修家塾	1865 年	1921 年	葉氏	1922 年開始獲得政府津貼，易名敬修學校。
打鼓嶺 塘坊村	永傑書室	1889 年	1946 年	萬氏	主要教授儒家思想，永傑書室於日佔後復課，1946 年註冊為昇平學校，1961 年遷往坪輋路，至 1993 年為止。
大埔					
大埔頭村	敬羅家塾	明朝	1953 年	鄧氏十三世祖玄雲、梅溪及念峰公	原作書室之用，亦作為老師及未婚子弟的宿舍。後來發展成啟智學校，1953 年遷出，復作祠堂之用。於 2001 年獲聯合國教科文組織亞太區文化遺產保護獎的優異項目獎。
泰亨鄉	藝浣堂	1600 至 1700 年間	1962 年	文氏	藝浣堂是泰亨文氏的家祠及書塾，於二次大戰後至 1962 年間，開辦藝浣學校，1962 年停辦，由同年成立的泰亨公立學校取替。泰亨公立學校在 2005 年停辦。
泰亨鄉 祠堂村	善慶書室	1870 年代	1930 年代	文氏	隨政府在 1930 年代實施現代的教育體制，取締舊式教學，書室亦因而停辦，改為自修室及住宅。
泰亨鄉 中心圍	叢桂書室	不詳	不詳	文氏	
泰亨鄉 灰沙圍	正倫書室	不詳	不詳	文氏	

（續上表）

地點	書塾名稱	建立年份	停辦年份	創辦者	補充資料
葵青					
九華徑	養正家塾	1921 年	1971 年	曾氏	養正家塾是首批獲政府資助的鄉村學校之一。1971 年由養正學校取代。
荃灣					
馬灣田寮村	芳園書室	1900 年代前	不詳	陳氏	1900 年代前乃陳氏興建的陳氏書齋。1920 至 30 年代重建為具西式風格的建築，並易名為芳園書室。芳園書室別稱為「大芳園」，是馬灣首間並是早期唯一的小學。1956 年，被稱為「小芳園」的馬灣公立芳園學校於附近建成，不過在 2003 年停辦。
屯門					
掃管笏村	俊英書室	十九世紀末至二十世紀初	1930 年代	李乃宏	為村內的貧戶子女提供教育。1935 至 1937 年掃管笏公立學校落成後，書室停辦。
掃管笏村	含英書室	1916 年	1960 年代	李氏	日治時期後，書室改名含英學校，至 1960 年代停辦。
屯子圍	五柳學校	清末民初	1947 年	陶氏	1954 年前，陶氏宗祠五柳堂曾用作五柳學校，曾聘用鐘聲學校創辦人黃子律先生任教。後於 1947 年易名為屯門小學校。
元朗					
錦田雞公嶺（舊稱桂角山）	力瀛書院	約宋崇寧末年至大觀年間（約 1106 至 1110 年之間）	不詳	鄧符	
錦田水頭村	周王二公書院	1684 年	不詳	錦田居民	為感謝清初兩廣總督周有德及廣東巡撫王來任上書朝廷，解除鄉民遷界之苦，居民建周王二公書院，以祀二人功德。
錦田水頭村	泝流園（知稼堂）	十八世紀末	不詳（大概 1952 年後）	鄧權軒	1952 年後，鄧氏子弟大部分都轉讀錦田公立蒙養學校，泝流園遂停辦。

（續上表）

地點	書塾名稱	建立年份	停辦年份	創辦者	補充資料
錦田水頭村	鄧虞階書室	十九世紀初	不詳	鄧虞階	
錦田水頭村	二帝書院	清道光年間（1821至1850年）	第二次世界大戰後停用	二帝會	
錦田水頭村	力榮堂書室	1835年前	1950年	鄧氏（鄧履元後人）	
錦田永隆圍	耕心堂	1880年代	不詳（大概1926年後）	鄧耕心	1926年，政府開辦錦田公立蒙養學校，耕心堂便不再作書室之用。
屏山坑尾村	聖軒公家塾	1733年	1930年代	鄧聖軒	家塾落成之前，鄧氏子弟在愈喬二公祠上學。1931年達德學校成立後，聖軒公家塾的教育功能漸被取代。
屏山坑尾村	若虛書室（維新堂）	十八世紀末	1930年代	鄧德光	書室是屏山唯一設有騎馬訓練的學塾。1931年達德學校成立後，若虛書室已停止辦學。
屏山坑頭村	五桂書室（五桂堂）	1822年	1930年代	鄧氏	五桂堂亦是坑頭村鄧氏的主要祠堂，曾是支支齋，1931年達德學校成立後已停止辦學。
屏山塘坊村	述卿書室	1865至1874年間	不詳	鄧惠成	書室曾有著名學者如黃吉雲及黃子律（鐘聲學校創辦人）等執教。
屏山坑尾村	覲廷書室	1870年	1930年代	鄧香泉	主要作為鄧氏子弟的書室，亦作為祠堂祭祖之用。1899年英軍接管新界時，書室更曾用作臨時警署及田土辦公室。日佔時期，書室曾用作難民收容所。
屏山山廈村	達仁書室（樹德堂）	1910年代	不詳	張氏	
屏山山廈村	興寶書室	1913年	不詳	張氏	

（續上表）

地點	書塾名稱	建立年份	停辦年份	創辦者	補充資料
屏山 山廈村	華封學校 （華封堂）	1930 年代	1958 年	張氏	設於張氏宗祠內，雖然戰後成為津貼學校，仍保留傳統私塾採用的複式教學。至 1958 年，華封學校遷往欖口村附近的新校舍。
屏山 坑頭村	仁敦岡書室（燕翼堂）	不詳	1930 年代	鄧氏	書室除教學用途外，亦作為鄧族的祠堂。隨着科舉制度廢除，書室改為提供現代教育，直至 1930 年代被達德學校取代。於 2009 年列為法定古蹟。書室正門的木匾額刻有「同治九年歲次庚午重鐫」，可推斷書室曾於同治九年（1870 年）重建。
新田 蕃田村	麟峯文公祠	約十七世紀中葉	不詳	文氏	麟峯文公祠過往曾用作「巡丁館」和教育村中子弟的場所。
新田 蕃田村	惇裕堂（文氏宗祠）	1930 年代	1941 年	文氏	1930 年代，族人在宗祠開辦私塾，私塾於 1941 年向政府註冊為惇裕學校，1953 年，校舍於新址落成。
八鄉 橫台山 竹坑	蘭芳書室	1862 年	不詳	鄧國傳	於 1920 年改名蘭芳學校。自台山公立學校於 1954 年建成後，書室便一直空置，直至 1970 年代成立蘭芳幼稚園。1980 年幼稚園關閉後，書室便荒廢了。
八鄉 牛徑	翊廷書室	1891 年	1950 年代	不詳	晚清著名學者及改革家康有為亦曾在這裡教授儒家古籍和撰寫書章。
八鄉 上村	植桂書室	1899 年前	第二次世界大戰後停辦	黎金泰	戰後用作永慶學校的臨時課室，為學生提供現代教育。其後改作植桂幼稚園，1970 年代初停辦。
八鄉 田心新村	大紀家塾	二十世紀初	不詳	鄧大紀	由鄧大紀建於二十世紀初，兼作家祠之用。
落馬洲	美德家塾	約 1870 年	1950 年代	張氏	1941 年前作為張氏家塾。1945 至 1950 年代間，美德學校在該址開設，推行新式教育，於 1970 年代關閉。

（續上表）

地點	書塾名稱	建立年份	停辦年份	創辦者	補充資料
厦村新圍	友善書室	1830 年	不詳	鄧萬鍾	書室的名稱意指兄弟情誼，屬鄧氏醉樂旁系所有，亦作為書室及祠堂，現在則用來祈福與設宴款客。
厦村新圍	士宏書室	二十世紀初	1930 年代	不詳	書室於 1930 年代逐漸被新生村的友恭學校取代。1960 年代，書室曾改作幼稚園，現為鄧氏設宴和聚會的地點。
厦村	友恭堂	估計在 1924 年前	1996 年	鄧氏	位於鄧氏宗祠後方。後來演變成現代學校，易名為友恭學校。
十八鄉白沙村	五奎書室	1890 年	1944 年	易贊臣	1944 年正式註冊，改名五奎學校，開始辦現代化的小學教育服務。
十八鄉龍田村	龍田書室	1926 年	1941 年	黃氏	龍田村唯一的書室，為附近鄉村的子弟提供教育。戰後曾於書室旁開辦文基公立學校，龍田書室曾改作住宅，現時空置。
大旗嶺村	子養書室	1924 年前	第二次世界大戰後停辦	梁氏	書室主要為大旗嶺村及馬田村的子弟提供傳統支支齋教學，至戰後停辦。

西方宗教團體

　　早期在香港興辦教育的西方宗教團體，包括：倫敦傳道會、馬禮遜教育協會、美國浸信會、美國公理會、英國聖公會、羅馬天主教會等。1842年香港開埠之後，不少西方宗教團體先後在香港島及九龍半島辦學。「香港教育故事」叢書系列中的《搖籃地 —— 中西區教育今昔》及《承教・城傳：九龍學校的故事》兩書已有詳述。至於新界地區，根據 1898 年《展拓香港界址專條》納入港英政府管治後，亦成為西方教會的傳道目標。1902 年大埔道開通後，往來新界大為方便，西方傳教士紛紛到新界各區，開展傳道及教育工作。

中華基督教會拔臣小學原為香港新界傳道會屯門福音堂轄下之啟蒙館，後蒙教友馮耀彰出資資助建校。攝於 1960 年。
圖片來源：中華基督教會拔臣小學

基督教

　　早於 1847 年，基督教巴色差會（Basel Evangelical Missionary Society，後於 1924 年在港成立崇真總會）已派有牧師到粉嶺龍躍頭居住，並在崇謙堂講道。後來教友向龍躍頭鄧氏購買土地，更於 1903 年以教堂名字立村，是為崇謙堂村。1913 年，傳道人彭樂三發動村民集資籌辦學校，在崇謙堂村山腳建立規模細小的臨時校舍——穀詒書室；再於 1924 年在崇謙堂村左面興建新校，定名從謙學校。校舍於 1925 年啟用，直至 2007 年才正式停辦。

　　1898 年，倫敦傳道會皮堯士牧師（Rev. Thomas William Pearce）和道濟會堂主任王煜初牧師商議發展新界傳道工作，其後加入愉寧堂，於

1904 年組成香港新界傳道會。1900 年，倫敦傳道會再派出威禮士牧師（Rev. Herbert Richmond Wells）加入到新界及離島各地，開基傳道。

　　1905 年，威禮士牧師領導成立荃灣福音堂，不久堂內創辦全完書室，為今日的中華基督教會全完第一、第二小學及基覺學校的前身。1906 年，香港新界傳道會在元朗開辦真光學校；1915 年，增辦真光女校，開創新界女子教育先河。1919 年，擴建堂校，易名為中華基督教會元朗堂。1961 年，創辦真光幼稚園。1980 年代，發展中學，營辦基元中學和基朗中學。1989 年及 1993 年，更分別開辦朗屏邨真光幼稚園及天水圍真光幼稚園。

　　1917 年，威禮士牧師又到大澳開展傳道工作，租用太平街民房為佈道所，教導學童讀書寫字，取名大澳義學。1925 年，正式以中華基督教會名義，創立大澳學校。1963 年 9 月，校舍重建落成並沿用至今。

　　而在屯門，香港新界傳道會在 1908 年創立屯門福音堂，1920 年附設啟蒙館，1931 年建立拔臣學校，現稱中華基督教會拔臣小學。香港新界傳道會於 1933 年結束，全部工作轉交中華基督教會廣東協會第六區會接辦。

　　位於屯門的馬禮遜樓，建於 1936 年，前身為達德學院主樓，是抗日名將十九路軍軍長蔡廷鍇將軍的芳園別墅之一部分。1946 至 1949 年間，該別墅曾用作達德學院校舍。達德學院是在中國共產黨領導人周恩來和董必武指導下創辦的大專院校，不少知名學者曾來此講學，包括：茅盾、郭沫若、何香凝等，培育了不少傑出的年輕知識分子。1949 年 2 月 22 日，港英政府以政治理由撤銷其註冊資格，並即日封校，充公校園。1952 年，達德學院校舍售予倫敦傳道會，供傳教士使用。教會將達德學院本部大樓易名為馬禮遜樓，而女生宿舍則易名為何福堂會所，又加建多座平房。1961 年，業權轉讓給中華基督教會，供牧師和會友作退修之用。其後，曾有發展商擬與教會合作重建該址，惟政府於 2004 年宣布馬禮遜樓為法定古蹟，阻止其拆卸。

部分其他早期在新界及離島創立的基督教學校：

學校名稱	地點	辦學年份	所屬教會
端儀女校	長洲大新街	1918 年至 1940 年代	香港新界傳道會，1933 年由中華基督教會接辦
新界神召會惠群小學	元朗屏山	1954 年至 2006 年	神召會
聖公會錦田聖若瑟小學	元朗錦田	1954 年至今	聖公會
藍地福音學校	屯門藍地	1955 年至 2006 年，1961 年才向政府註冊	信心會

天主教

　　早於 1841 年，羅馬天主教會已在香港設立傳教區，天主教在本港發展已有 180 年歷史。到了 1850 年代，天主教會的傳教工作更擴展至新界。根據夏其龍神父的研究，大埔的碗窰、汀角和西貢的鹽田梓，均是天主教傳教士最先接觸的地方，居民大部分為客家人。傳教士將興辦學校視作傳教的第一步，這也剛好配合客家人的需要。香港中文大學天主教研究中心在《東西薈萃：香港天主教的傳教歷程》一書中總括，第二次世界大戰前，天主教在新界的發展，主要是以大埔為中心，北至粉嶺、上水，南至沙田、大圍，西至元朗、荃灣；而馬鞍山的傳教活動，則由西貢的傳教士負責。

大埔

　　碗窰村是大埔第一個傳教站，為當時陶瓷工業中心。清初遷界令前，由文、謝兩個家族管理；遷界令後，客家人馬彩淵聯同族人，向文氏買入碗窰村的陶窰，重新開始陶瓷製作工藝。1863 年，傳教士在碗窰村興建聖伯多祿小堂，並在小堂內開辦一所只有兩班的學校。

　　1864 年，和神父（Rev. Simeone Volonteri）在梁子馨神父及穆神父（Rev. Giuseppe Burghignoli）的協助下，在汀角建立聖安德肋小堂和學校（校名不詳，估計位於武帝宮旁空地）。

西貢

1875 年，西貢鹽田梓全島陳氏村民領洗，成為香港第一條天主教教友村。1920 年，開辦澄波學校，為鹽田梓和附近村落以及漁民艇戶的兒童提供教育。1997 年，澄波學校停辦，並於 2006 年改建為鹽田梓文化資源展覽室，陳列村民昔日的生活用品，介紹鹽田梓村的歷史。

西貢崇真天主教學校是另一所由天主教會建立，歷史悠久的學校。1912 年，丁味略神父（Rev. Emilio Teruzzi）抵達香港，在西貢進行新的牧職工作，並籌劃買地建校事宜。1924 年，經歷種種困難及障礙後，以中英雙語授課的崇真學校，正式開幕。

荃灣

早於 1860 年代，荃灣（古稱淺灣）已成為天主教往新界鄉郊傳教的中轉站。1861 年，穆神父在荃灣建立一所容納 40 名學生的學校。1934 年，教堂由簡陋木屋遷往三棟屋附近，並興建西式聖堂，取名荃灣天主堂（1954 年易名為耶穌聖心堂），並在教堂左右兩側開辦了一所男校和一所女校，命名為德聲學校，為荃灣區第一所天主教小學。1978 年，學校遷至新界葵涌，易名為祖堯天主教小學。

元朗

穀祿師神父（Rev. Riccardo Brookes）是元朗區的傳教先鋒。他於 1921 年來港，1926 年任新界西區主任司鐸，管理範圍包括：大埔、元朗，以及大嶼山的大澳和石壁。

香港天主教會在 1927 年，於元朗舊墟東頭村設立聖堂，以聖伯多祿及聖保祿宗徒為主保聖人，隨後在各村一共開辦了五所學校。1955 年，華籍的黃景賢神父創立英賢學校男校和女校，為元朗區培育不少人材。此外，天主教教區與村民更於 1953 年在南邊圍合辦南溪天主教崇德小學，反映教會與村民關係非常融洽。該校於 2006 年停辦，校舍現為遵道幼稚園。

八鄉金錢圍

1929 年，鄭氏族人因香港政府修建城門水塘而獲安排遷離荃灣祖居，部分村民遷入金錢圍。1935 年，區鴻慈神父（Rev. Diego D'Ayala Valva）為金錢圍全部村民領洗，全村改奉天主教，並將祠堂改建為聖母七苦小堂。1948 年，區神父應教友要求，斥資 700 元修葺錦全學校。1958 年，金錢圍又與元崗村、吳家村、石湖塘，成立四聯學校。

離島

二戰前，大澳已有數所學校，當時以民間和宗教團體辦學為主。當年穀祿師神父為傳播天主教來到大澳，眼看當地不少適齡學童因家境問題失學，因而興起辦學念頭。1923 年，天主教教會創辦育智學校；1937 年，正式改名為永助學校，可惜在 2003 年因收生不足而停辦。

部分其他早期在新界及離島創立的天主教學校：

學校名稱	地點	辦學年份
公民學校	西貢北深涌	不詳
明德學校	屯門良田村	1935 年至 1982 年
長洲聖心學校	長洲東灣教堂路	1953 年至今
崇德英文書院	元朗水邊圍 1992 年遷往洪水橋	1958 年至今

佛教團體

羅慧燕在其 2015 年的著作《藍天樹下：新界鄉村學校》中提及，佛教團體在香港辦學的資料較為零碎，主要由個別法師或居士創辦學校。例如：何東爵士夫人張蓮覺居士於 1931 年在波斯富街創立寶覺義學，其後再在跑馬地山光道建立東蓮覺苑和寶覺小學。1958 年，東蓮覺苑在元

朗洪水橋籌建寶覺分校，為元朗區首所佛教小學。而慈祥法師則於 1945
年在大埔建立大光義學，並於 1962 年及 1971 年先後開辦大光中學及幼
稚園。

　　香港佛教社團初期所推行的弘法利生工作，除了由大德講經、說法
外，主要就是開設義學，教育失學的貧苦兒童。由於佛教社團有開辦義學的
經驗和成績，當政府實施九年免費教育政策時，亦獲批申辦不少津貼小學。

　　部分早年在新界由佛教團體舉辦的義學：

義學名稱	創辦年份	創辦人	地點
青山佛教義學 （香港首間佛教鄉村學校）	1925 年	顯奇法師	屯門楊青路
大光義學	1945 年	慈祥法師	大埔石鼓壟大光園
慈航義學	1952 年	智林法師	沙田車公廟附近

其他本地團體

新界鄉議局

　　1926 年，前身為新界農工商業研究總會的新界鄉議局撥出會址一層
三間房間，設立崇德學校，分為初、高兩級。建校費用最初來自鄉議局及
地方人士，後來得到政府津貼。日治時期被改為人民學校，教授日語。戰
後崇德學校復校，在 1950 年代擴展成上、下午校，至 2007 年停辦。

　　1960 年代開始，鄉議局不斷為新界學童爭取福利，致力改善新界的
教育發展。1960 年代初期，新界的中學極為不足。有見及此，鄉議局於
1961 年通過，設立鄉議局籌建三區中學委員會，最終先後於 1967 年、
1981 年及 1982 年在元朗、大埔、南約三區，各捐助建造一所中學。每所
中學的建築費，預算約為港幣 200 萬元，當中三成由建校委員會承擔，其
餘由委員會向各界募捐。其中元朗及大埔區中學，至今仍然運作。

新界鄉議局元朗區中學的建校過程曾稍有波折。1965 年，政府擬定在屏山警署山下興建學校，鄉內族長父老以破壞祖墳風水為由反對，最後挑選了大陂頭新元朗警署後之田地，興建校舍，並於 1966 年舉行新界鄉議局元朗區中學校舍奠基禮。1968 年，建築工程完成；同年 9 月，學校正式遷入新校舍上課。

同鄉會、業務社團

相同籍貫、相同行業的社群組織、工會或合作社，為照顧同鄉或同業子弟的教育需要，亦加入辦學行列。同鄉會方面，香港東莞同鄉總會於 1946 年創辦，並於 1959 年在上水馬會道建成東莞學校。戰後長洲惠潮府、寶安會所及東莞會所將屬下的三所私塾合併，聯合創辦國民學校。1954 年，長洲漁業聯合會開辦長洲漁民子弟學校；1963 年，學校易名為長洲漁會公學。至於大澳漁民子弟學校由當地漁民於 1940 年代創辦，至1986 年結束。從事鮮魚買賣漁民組成的鮮魚行，於 1946 年在大澳創辦中國僑港第四義校（簡稱中僑學校），至 1956 年停辦。

個人辦學

一些村校是由熱心教育的個人開辦，例如：元朗梁志貞女士創辦的志貞學校、長洲黃錦荷女士的漢川學校，以及楊玉麟先生的銀星學校。不過，現存只有鐘聲學校和錦江小學。

鐘聲學校

元朗鐘聲學校創辦於 1934 年，由前清秀才黃子律先生一手建立。該校最初於元朗大橋村租賃平房，採複式教學，領頭等津貼。日治時期曾停辦，重光後籌建新校。1957 年，位於鐘聲徑舊址的校舍落成；其後經幾度擴校、遷校，終於 2005 年遷至現址的千禧新校舍。

國民學校前身為長洲三邑私塾，
戰後1950年代改為聯合辦學，創
立國民學校。
圖片來源：國民學校

鐘聲學校創辦初期之校舍。
圖片來源：鐘聲學校

錦江小學

1935 年，盧恩信女士創立長洲女校並出任校長，專為漁民女孩提供教育；戰後開始，收錄男生，惟仍沿用長洲女校名稱。1953 年，政府修訂《教育則例》，長洲女校獲全數津貼。1978 年，盧校長自感年事已高，便把辦學權交託中華基督教會長洲堂主理，易名為中華基督教會長洲堂長洲女校。1982 年，再改名為長洲堂錦江小學；至 2003 年，正式定名為中華基督教會長洲堂錦江小學。

民間辦學

羅惠燕所著的《藍天樹下：新界鄉村學校》一書也提及民間興辦學校的過程。這類學校，例如：大澳的民權學校、坪洲的志仁學校、上水的華山公立學校、南丫島的模達學校、昂坪的慈幼學校、元朗屏山的華封學校等，有些由村長帶頭捐錢興建，有些由海外村民捐獻，更有些由村民在農作物收成和出售禽畜的利潤中抽取作建校費用。

　　元朗八鄉同益學堂和荃灣公立學校均由鄉民捐輸，由書塾轉型成學校。同益學堂由元朗八鄉一眾父老於 1921 年集資興建，後來改稱為八鄉同益公立學校，在 2003 年與公立石湖學校合併成現時的八鄉中心小學。荃灣公立學校由老圍的翠屏學校與三棟屋村的南園書舍於 1927 年合併而成。早期以南園書舍為校址；1959 年，位於芙蓉山的自建校舍落成啟用；1980 年，遷入石圍角邨標準校舍，並於 2006 年易名為荃灣公立何傳耀紀念小學。

　　大埔兩所公立學校均由區內鄉民籌建。大埔公立學校於 1946 年由大埔青年會及大埔墟熱心教育人士創辦，初期借用太和園別墅上課，其後租用位於仁興街及北盛街之民房；1979 年，因租約問題被迫停辦，至 1983 年於廣福邨復辦；2006 年，改由大埔浸信會接辦，並易名為大埔浸信會公立學校。至於大埔舊墟公立學校則於 1962 年，由南坑、新圍仔、舊墟三村熱心鄉親募捐籌建，獲天后宮撥出汀角路土地建校，於 1964 年落成。其後，因大埔發展為新市鎮，政府收回學校土地，學校乃於 1986 年遷入位於安祥路之標準新校舍。

　　此外，打鼓嶺週田村杜氏於 1949 年創辦週田學校。校舍起初由村民自住房屋改建而成，並由重視教育之村民替子弟繳交學費。1958 年。老鼠嶺新校舍落成，易名為打鼓嶺嶺英公立學校。

八鄉同益公立學校校舍。攝於 1962 年。
圖片來源：香港大學圖書館

兩名荃灣公立學校教師在南園書舍校舍外拍照留念。攝於 1950 年代。
圖片來源：荃灣公立何傳耀紀念小學

大埔浸信會公立學校前身為大埔公立學校，早期租用位於仁興街及北盛街民房為校舍。圖為仁興街面貌，攝於 1961 年。
圖片來源：香港大學圖書館

大埔舊墟公立學校位於汀角路之舊校舍。攝於 1970 至 1980 年代。
圖片來源：大埔舊墟公立學校

打鼓嶺嶺英公立學校前身週田學校之校董及師生在校舍前合照。攝於 1958 年。
圖片來源：打鼓嶺嶺英公立學校

三、位於新界的師資培訓機構

大埔官立漢文師範學校

　　1920 年代，大埔以至整個新界區的教育情況極不理想。雖然政府在大埔設有官立小學（當時稱為「國家學校」），但當時為新界區學童提供教育的主要是私人營辦的鄉村學校。1925 年，大埔官立小學只有 73 人入讀，而同年就讀新界私立漢文學校的學生卻多達 4,194 人。新界這類鄉村學校的教師大都是前清秀才或國內師範畢業生，水平參差，教學內容更流於背誦傳統的《三字經》、《千字文》、《五言勸學詩》等。由於營運艱難，教師收入微薄，以致教師流動性很高。

　　當時的政府認為，要改善新界教育問題，必須從師資着手。其實，1920 年代，香港已有兩所位於香港島的全日制漢文師範學校，但因交通不便，加上衛生環境差，師範畢業生一般都不願到新界任教。有見及此，政府認為需要在新界設立一所鄉村師範學校。在時任新界視學官黃國芳建議下，加上省港大罷工事件的影響，政府於 1926 年 3 月，正式在大埔墟開辦大埔官立漢文師範學校（Tai Po Vernacular Normal School，簡稱「埔師」），由畢業

1961 年，大埔官立漢文師範學校學員在大埔錦山設立大埔師範紀念學校，紀念埔師歷史，並推動地方教育。圖為大埔師範紀念學校學生，攝於 1997 年。
圖片來源：香港教育大學香港教育博物館

於官立漢文師範學堂的陳本照擔任校長，陳袞均擔任導師。

　　儘管政府當時開始重視中文教育，但投放資源依然有限。新開辦的埔師連一個固定校址也沒有，一直都是租用民房作校舍，環境非常簡陋，師生的活動及學習空間極為不足。師資方面，埔師歷年來只有七名教師；而同一時間內，包括校長在內一般也只有兩至三名教師，陳本照校長更是唯一自始至終在埔師任教的教師。此外，埔師雖不是男校，礙於新界民風較保守，就讀學生全為男性，大多來自新界，亦有個別來自深圳。學制上，創辦時課程本來定為兩年制，但因學生水平偏低，兩年課程不足以培訓出合資格的教師，因此第二年開始改為三年制。除了延長修業期，埔師對升學及畢業的要求亦非常嚴格，考試不合格必須留級重讀。埔師的課程包括：國文、算術、歷史、地理、體育、勞作、農科、生理衛生、教育學、教學法及學校管理等。除特設農科及沒有教授英語外，埔師和港島區兩所師範學校的課程，大致相同。

　　要成功在埔師畢業，必須通過由教育司署考試委員會主持的畢業試。埔師立校 16 年間，招生共 16 屆，畢業 15 屆，全部畢業人數共 60 人。按照規定，埔師的畢業生必須分派到新界的鄉村學校任教。他們大部分成為新界鄉村學校的教師甚或校長，被視為新界教育先驅，為往後數十年的新界教育作出重要貢獻。可惜埔師於 1941 年因日本侵華而停辦，1945 年重光後亦未有復辦。不過，埔師已為戰後創辦的官立鄉村師範專科學校奠定了良好的基礎。

香港官立鄉村師範專科學校

　　二戰結束後，中國爆發內戰，大批內地難民蜂擁而至，香港人口於短短數年間由 60 餘萬急增至 200 萬。部分來港人口是農民，因而大多選擇居於新界，繼續以務農為生。新界人口急增，對教育需求自然十分殷切，加上新界師資嚴重不足，故此時任總督楊慕琦於 1946 年 5 月授

（左起）鄉師陳幼直老師、黃國芳校長、馮翰文老師在粉嶺港督別墅前合照。攝於 1946 年。
圖片來源：香港教育大學香港教育博物館，特別鳴謝香港鄉村師範專科學校同學會

香港官立鄉村師範專科學校校徽：上方刻有麟吐玉書圖，象徵教育和學校；中為鄉師校訓，引用孔子名言「學不厭，教不倦」；旁邊之禾稻圖案則代表鄉村。
圖片來源：香港教育大學香港教育博物館，特別鳴謝香港鄉村師範專科學校同學會

意教育司柳惠露（Thomas Richmond Rowell），開設鄉村師範，並以粉嶺總督別墅為臨時校址。同年 9 月，官立鄉村師範學校（Rural Training College，簡稱「鄉師」）正式開課，前官立男子漢文師範學堂校長黃國芳任校長，成為當時僅有的兩所專門師訓機構之一。

　　辦學短短八年的鄉師，因資源及政治等因素，雖然英文名稱始終是 Rural Training College，簡稱「R.T.C.」，中文名稱及校址卻曾三度改變。鄉師最初成立時，稱為鄉村師範學校。到了 1949 年，為與當時的另一所師訓機構羅富國師範學院（簡稱「羅師」）對等，以及表明為官辦學校，便易名為官立鄉村師範學院。1951 年，由於政府拒絕由香港基督教會創辦的崇基學院以「學院」為中文名，教育司署亦令羅師、鄉師及同年成立的葛量洪師範專科學校（簡稱「葛師」）統一以師範專科學校為名。鄉師因而再改名為官立鄉村師範專科學校，並一直沿用至 1954 年停辦為止。

　　校址方面，創校翌年，粉嶺總督別墅即不敷應用，要借用羅師般咸道教室供新生上課；1947 年末，更因新任港督葛量洪到任，需要使用別

墅而被迫遷離。其後，雖然覓得粉嶺火車站附近戰時兒童保育院所丟空的舊木屋為校舍，短短一年後，該校舍因中國政局變化被徵用作增駐英軍，鄉師被迫停學兩、三個月。最後，政府在屏山租得前身為嶺南大學農學院的張園（今屯門妙法寺），鄉師終能復課，而張園亦成為鄉師的最後校舍，直至 1954 年停辦為止。

鄉師每年收生上限為 25 人，而報讀人數一般比取錄人數多出十倍，可見競爭激烈。報讀者包括應屆高中畢業生、未受訓的鄉村教師，以及中國內地大學畢業生。在鄉師辦學八年間，共收生 193 名，每年平均 24 人，而成功畢業的則有 181 人，平均每年 22 人。數字看似不多，但在 1940、50 年代，已是香港每年所需教師的三分之一。除最後一屆因併入

鄉師學生在屏山張園校舍上體育課情況。攝於 1949 至 1954 年間。
圖片來源：香港教育大學香港教育博物館，由鄺啟濤博士捐贈，特別鳴謝香港鄉村師範專科學校同學會

葛師而改為一年制外，第一至第七屆均為兩年制。學生修讀兩年後，還須通過由教育司署委任校內及校外教官主持的畢業試，才能畢業。第四屆開始，更附加兩年在校試用期，表現合格才能獲發畢業證書。

學費方面，學生不僅毋須繳交，每月還可以領取生活津貼。鄉師第一年開辦時，男生每月領 100 至 120 元，女生領 70 至 90 元，足以維持基本生活所需。鄉師課程包括：教育類、普通科、技術科及農科。當時的專業教師培訓委員會（Professional Teacher Training Board）亦有提供改進課程的建議。

其實，鄉師於戰後雖由時任總督楊慕琦決定建立，但一直沒有得到繼任總督葛量洪及其政府的支持，八年間連固定校舍也沒有，後來更以張園租約屆滿，未能興建新校舍為由，將鄉師第八屆師生併入葛師，繼而停辦。

鄉師成立的主要目的，是為新界培訓師資。學生入學時與政府簽訂合約，畢業後須任教兩年，否則要賠償所領取的津貼。校方與學生之間更有不成文規定，就是留在新界任教。因此鄉師辦學八年間，一直為新界鄉村學校培訓合資格教師。當中的佼佼者為鄺啟濤博士。他自 1956 年畢業後，奉獻一生從事鄉村教育工作，並於 2010 年獲香港教育學院（香港教育大學前身）授予榮譽院士銜，表揚他在教育界的貢獻。鄉師關閉後，由於葛師畢業生大都能在市區覓得教席，自然很少願意到新界任教，導致新界鄉村學校長時間未能聘用受過專業師訓的教師，對新界的教育發展造成一定影響。

鄉師學生需要到農場，以及俗稱「兵頭花園」之植物公園（今日的香港動植物公園）實習農科。
圖片來源：香港歷史博物館藏品，香港特別行政區政府准予複製

四、已消失的新界和離島學校

編著團隊根據現存資料，嘗試整理出部分建於新界和離島，成立於 1961 年前，並現已停辦的學校。表列如下：

	學校名稱	地點	開辦年份	停辦年份
離島	端儀女校	長洲	1918 年	1940 年代
	長洲公立學校（原名為長洲公立義學，1920 至 1952 年）	長洲	1920 年	2006 年
	永助學校（原名為育智學校，1923 至 1937 年）	大澳	1923 年	2003 年
	坪洲公立志仁學校	坪洲	1927 年	2006 年
	民權學校	大澳	1940 年代初	1964 年
	中國僑港第四義校	大澳	1946 年	1956 年
	大澳漁民子弟學校	大澳	1947 年	1986 年
	蘆鬚城學校	南丫島	1950 年代	2004 年
西貢	積善學校	蠔涌	1920 年	1984 年
	澄波學校	鹽田梓	1920 年	1997 年
	鳴遠學校	調景嶺	1950 年	1993 年
北區	博文學校	上水松柏塱村	1920 年	2005 年
	敬修學校	蓮麻坑	1922 年	2009 年
	從謙學校	粉嶺崇謙堂村	1925 年	2007 年
	小瀛學校	荔枝窩	1927 年	1980 年
	群雅學校	沙頭角擔水坑村	1930 年	2007 年
	啟才學校	谷埔	1931 年	1993 年

（續上表）

	學校名稱	地點	開辦年份	停辦年份
北區	吉澳公立學校	吉澳	1931 年	2005 年
	覺民學校（1960 年易名為丹竹坑公立學校，2006 年結束）	粉嶺丹竹坑	1937 年	2006 年
	東慶學校	上水大頭嶺村	1946 年	2005 年
	昇平學校	打鼓嶺坪輋	1946 年	1994 年
	龍山學校	粉嶺龍躍頭	1947 年	2005 年
	新農學校	粉嶺安樂村	1950 年	1980 年代
	古洞公立愛華學校（前身為仁華廬，1938-1960 年）	上水古洞	1960 年	2006 年
沙田	育文學校	梅子林	1947 年	1979 年
	聖約瑟小學義校（1986 年於恆安邨重開，取名馬鞍山聖若瑟小學）	馬鞍山村	1953 年	1976 年
大埔	崇德學校	大埔墟	1926 年	2008 年
	樹人學校	樟樹灘	1938 年	1989 年
	誘善學校	高塘	1940 年代	1996 年
	大光義學（1962 年改為大光中學，1999 年停辦）	石鼓壟	1945 年	1999 年
	誠明學校	錦山	1945 年	1999 年
	育賢學校	九龍坑	1946 年	2005 年
	魚類統營處大埔小學	下黃宜坳	1947 年	1996 年
	育群學校	淡水湖泥塘角	1948 年	1966 年
	碗窰公立學校	碗窰村	1949 年	1995 年
	正而學校（學校於 1986 年遷校至富善村，改名基正學校，至 2010 年停辦）	大埔墟	1950 年	2010 年
	林村公立學校	林村	1950 年	2004 年

（續上表）

	學校名稱	地點	開辦年份	停辦年份
大埔	船灣余東旋學校	船灣	1950 年	1996 年
	林村公立學校（第二校）	坪朗	1950 年	2004 年
葵青	養正學校（前身為養正家塾）	九華徑	1921 年	1992 年
	青衣公立學校	青衣	1938 年	2008 年
荃灣	德聲學校	三棟屋	1934 年	1973 年
屯門	青山佛教學校	楊青路	1925 年	1996 年
	聖西門彼得小學（前志明小學）	青山村	1947 年	1986 年
元朗	芳春貧民免費學校	厦村東頭村	1930 年	1948 年
	開明學校	新田新圍	1930 年	2007 年
	達德學校	屏山	1931 年	1998 年
	錦全學校	八鄉金錢圍	1934 年	1988 年
	友恭學校	厦村	1935 年	1996 年
	永安學校	大樹下	1938 年	2007 年
	攸潭美學校（前身為德新學校，1931 至 1939 年）	牛潭尾	1939 年	2007 年
	志貞學校	禮修村	1948 年	2005 年
	育英學校	河背馬鞍崗	1951 年	2002 年
	仁興學校	山貝村	1953 年	1988 年

註：
1. 不包括傳統學塾和書院
2. 不包括資料不詳的學校
3. 部分年份有待核實

第二章

天南地北・
特色・學校

編著者 ⫶
李子建、鄧穎瑜、黃詠筠、陳君堯

一、新界與離島地區特色

　　位處新界各區各鄉的學校，是香港發展及教育史上重要一環，貢獻良多，不僅為新界學童提供基礎教育，填補官辦學校之不足，更增進學校、鄉村和社區之間的關係。為了深入了解新界教育發展逾百年的歷史，編著團隊走訪了 13 所分別位於新界荃灣、屯門、元朗、北區、大埔及離島的小學，與各校校長、老師及校友交流。這些學校歷史悠久，與鄉郊及社區的發展息息相關。它們不但見證了百多年來香港與新界教育的改變和區內的變化，更與時俱進，從不同方面配合社會對教育的需求，並同時將傳統文化習俗，代代相傳下去。

元朗

N

老圍
翠屏書室

三疊潭

三棟屋村
（新址）

梨木樹邨

芙蓉山新村

芙蓉山

荃錦公路

新界環迴公路

城門谷運動場

上葵涌村

石圍角邨

綠楊新邨

荃灣站

荃灣天后宮

Google Map

荃灣

三棟屋村（舊址）
南園書舍

大河道北

荃灣街市

青山公路

大窩口站

★ 荃灣公立何傳耀紀念小學

仁濟醫院

大窩口邨

地圖僅供參考，未必符合比例

「遷海令」撤銷後，不少客家人遷至荃灣居住，並沿山坡開墾梯田，務農為生。攝於 1959 年。
圖片來源：香港大學圖書館

二、荃灣

歷史背景及區內教育

荃灣早年因位置偏遠，山麓重重，且地勢沿海，成為海盜根據地，區內治安不穩。清初，「遷海令」更迫使荃灣居民北遷離去；儘管「遷海令」其後撤銷，卻只有少數居民願意重返，反而陸續有客籍人家遷至。二十世紀中葉前，荃灣居民主要以務農、畜牧、捕魚為生，亦有一些農村手工業，如：製香業等。

荃灣是新界最早發展工業的地區，清末曾有逾 24 家製香工廠，而 1930 年代已建立各類工業設施，亦有釀酒、製造醬油等小型商戶。日治時期，荃灣的工業發展陷入低潮。重光後，政府於 1950 年代開始發展荃灣，高樓拔地而起，更成為紡織業的中心，紗廠、染廠、紡織廠林立。1960 年代，政府計劃把荃灣進一步建設成衛星及工業城市，並大規模填海以開闢工業用地，吸引各類輕工業前來設廠。不過，1980 年代以後，隨着國內改革開放，大部分工廠北上發展，陸續遷離荃灣，荃灣的工業才逐漸褪色。時至今日，荃灣的工業區已重建及活化為商貿區，並新建了不少住宅，成為配套完善的現代社區。

早年荃灣因位置偏遠，未受清廷重視，鄉民的教育水平較低。二十世紀初，荃灣初設私塾，由鄉紳聘請八鄉秀才鄧元杰，在老圍張氏家祠成立翠屏書室。嗣後，各村陸續開辦書塾，包括：三棟屋村的南園書舍。與此同時，西方宗教團體亦開始於荃灣辦學，開辦識字班。1905 年，荃灣福音堂陳慕貞女士成立全完書室，為女子提供學習機會。其後，更有宗教團體倡辦現代小學，如：1931 年，天主堂開辦德聲學校；1947 年，中華基督教會創辦全完學校等。荃灣由是逐漸轉向新式基本教育的方向發展。

荃灣填海新土地上，工廠、公共屋邨相繼落成。攝於 1966 年。
圖片來源：香港大學圖書館

荃灣公立何傳耀紀念小學

　　荃灣公立何傳耀紀念小學位於石圍角邨，辦學歷史悠久。1926 年，賢士陳永安先生徵得三棟屋村村民同意，送出由其主理的南園小學校址，與楊國瑞秀才在老圍開辦的翠屏學校合併，於 1927 年成立「全灣公學」，及後搬遷到荃錦公路，後來正名為「荃灣公學」，為當時區內唯一獲政府承認的小學，由陳永安先生擔任校監兼校長。

　　為配合荃灣人口增長，學校其後在天后廟側增建兩間教室，校舍自此分成南園書舍及廟崗兩部分，部分教師則在南園校舍食宿。1945 年二次大戰結束，香港重光，學校於 1946 年以「荃灣公立學校」名字註冊，正式成為津貼學校，由何傳耀先生出任校監。隨着外來居民遷入和社區發展，荃灣人口不斷增加，學額供不應求，何校監便發起籌建新校舍計劃，開辦一至六年級。1959 年，位於荃錦公路近芙蓉山麓的新校舍建成，當時學生人數已增至 1,100 名。

　　1960 年代，荃灣按政府規劃，發展為衛星城市。學校亦於 1977 年擴辦中學「荃灣公立何傳耀紀念中學」，工程開支主要由前校監何傳耀家族捐獻。翌年，校舍竣工，中、小學得以在同一校園上課。1980 年，因地下鐵路擴展至荃灣，校舍土地被徵用為修車廠，政府撥出新建的石圍角邨內中、小學標準校舍各一，供學校遷徙。2006 年，荃灣公立學校易名為「荃灣公立何傳耀紀念小學」，以紀念前校監及校董會主席何傳耀先生對學校發展的莫大貢獻。

南園書舍。攝於 1920 年代。
圖片來源：荃灣公立何傳耀紀念小學

（左起）朱慧敏校長、王玉玲女士、傅成志先生、
李子建教授、陳浩源先生、鄧穎瑜女士。

受訪者 ▶　**王玉玲女士**，1963 年於荃灣公立學校畢業，前
荃灣公立學校副校長，現任川龍村村長。

傅成志先生，1963 年於荃灣公立學校畢業，退
休總懲教主任。

陳浩源先生，1997 年於荃灣公立學校畢業，首
位香港輪椅羽毛球運動員，2019 年香港十大傑
出青年，2020 年殘奧羽毛球 WH2 級銅牌得主。

朱慧敏女士，現任荃灣公立何傳耀紀念小學校
長。

訪問者 ▶　**李子建教授**

受訪片段

從前的校舍

傅成志先生於 1957 年入讀荃灣公立學校，在南園書舍校舍上學。傅先生回想，當時的校舍及設備較為簡陋。學校亦採用複式教學，即不同班級學生在同一教室上課，由同一位老師輪流教授。1959 年，芙蓉山校舍落成後，傅先生便轉到新校舍上課。由於他居住在荃錦公路附近，步行上學只需五分鐘。

王玉玲女士於 1961 年考進荃灣公立學校，入讀四年級，與傅先生同屆，亦同在芙蓉山校舍上學。她形容當時新校舍很漂亮，雖然早期只有兩層，設施卻有不少，如：校長室、禮堂等。當時的科目亦較多元化，除國

語、英文、算術和社會科之外，還有與一般自然科截然不同的農村常識科。王女士還特別提及尺牘課，因為她從中認識到親戚間的關係與稱謂，以及如何撰寫文言信簡，可以協助家人寫信給鄉間親友。

　　陳浩源先生小時候居住在石圍角邨，1991 年入讀上午校，在石圍角邨校舍上學。對於母校，現為職業羽毛球運動員的陳先生感觸良多。他說自己的羽毛球員生涯正是啟蒙於小學時。當年，他每天和同學一早回校打羽毛球，運動細胞就是這樣培養出來。學校還提供多元化的課外活動，規定學生在長周的星期六下課後必須參加一項課外活動，以達至全人發展。

課後時光

　　回到 1950 年代，傅先生憶述，同學放學後多愛踢足球。不過，他不愛劇烈運動，反而喜歡通山跑、捉豹虎（又叫金絲貓，蜘蛛的其中一種）、撿菠蘿，或自製玩具。由於家境問題，他也要到田裡幫忙除草、澆水，亦要上山砍柴、在家煮食，加上家教嚴謹，根本沒機會到荃灣市中心逛。而王女士當時就讀下午班，小息時會跳橡筋繩、玩抓子等。不過，放學時已是傍晚，所以課後較少出外玩耍。

　　陳先生是 1990 年代的學生。當年放學完成功課後，他便和同學一起踢足球、捉迷藏、跑遍屋邨不同樓層和城門谷。這些都是他們最大的娛樂。陳先生很慶幸能在荃灣公立學校上學，因為校風純樸，還認識到一群好同學，尤其自己遇上交通意外後，他們給予的支持和愛護，令他備受鼓舞，保持樂觀。

不同年代的學校旅行

　　學校位處荃灣，1950 及 1960 年代的全校旅行，多以鄰近地方為目的地，如：城門水塘和沙田紅梅谷，甚或附近的圓玄學院、東普陀寺等廟觀。王女士記得，小學時每次旅行都十分興奮，前一晚總會睡不着覺。到了 1990 年代，陳先生那時的校外活動已變得多彩多姿；城門水塘、沙田

1950 年代，荃灣公立學校在南園書舍校舍上
課情況。
圖片來源：荃灣公立何傳耀紀念小學

荃灣公立學校於 1977 年在位於芙蓉山的舊校舍加
建兩層，作為中學，並於 1979 年啟用。
圖片來源：荃灣公立何傳耀紀念中學

彭福公園外，更會到市區參觀科學館、太空館等博物館。低年級時，大家
只可帶備飯盒自用；升上五、六年級後，卻可在郊野公園燒烤。王女士補
充，她於該校任教時，也曾帶隊到香港公園、動植物公園參觀，亦帶領過
學生參加「乘風航」活動，揚帆出海。

學校發展及校友支援

　　荃灣公立何傳耀紀念小學前身為鄉村學校，資源不多。時至今日，
學校發展已十分多元化。朱校長提到，學校現已有不同種類的課外活動，
而學生表現亦非常出色，屢獲獎項。學校也受惠於附近的社區資源，例
如：鄰近的城門谷公園和城門谷運動場，足以提供完善的環境給同學體驗
實境，而學校亦經常在那裡舉辦活動。

　　荃灣公立何傳耀紀念小學歷史悠久，因而擁有龐大的校友網絡。學
校的校友會成立於 2011 年，不但加強校友與母校的聯繫，更支持母校的
不斷發展。除了每年聚會，校友會每五年還舉辦重聚日，設盆菜宴，讓校
友、老師、退休老師聚首一堂，共話當年。

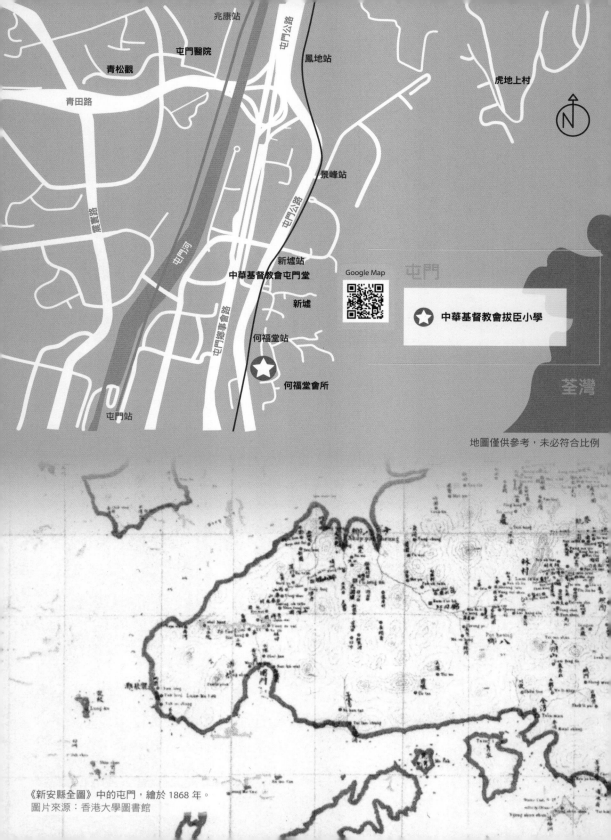

兆康站

屯門公路

屯門醫院

青松觀

鳳地站

虎地上村

青田路

N

景峰站

屯門公路

Google Map

屯門

新墟站

中華基督教會屯門堂

新墟

中華基督教會拔臣小學

荃灣

何福堂站

屯門站

何福堂會所

地圖僅供參考，未必符合比例

《新安縣全圖》中的屯門，繪於 1868 年。
圖片來源：香港大學圖書館

三、屯門

歷史背景及區內教育

　　屯門位於新界西北端，是香港最古老歷史遺跡的所在地，4,000 多年前已有人類活動的蹤跡。屯門湧浪的夏商時期遺址出土了過百件石器、飾物、船錨等文物，足以證明新石器時代屯門住民已具備相當的文明和交通運輸技術。而「屯門」一名亦早見於唐代詩人作品中。劉禹錫的〈踏潮歌〉和韓愈的〈贈別元十八協律〉均有提及屯門一地及其周邊風土。《新唐書》也有記述，唐室曾派兵於屯門設置軍鎮，守衛海口和管理進出人口。

　　1899 年，港英政府正式接管新界。新墟是屯門當時最大的村落，人口約有 250 人，來往交通主要依賴水路。這樣的漁村風貌一直維持到二次大戰後，才有顯著的改變。1960 年代，政府推出「新市鎮計劃」，並於1970 年正式啟動建設。當時仍被稱為青山的屯門自此急速發展。儘管經歷了翻天覆地的變化，當地不少自然景物、歷史建築、文化傳統，尚幸得以保存，為現代化的屯門帶來古今共融的風貌。

　　屯門區現存的學校，大多興建於 1970 年代新市鎮計劃開始之後；相對而言，不少創立於 1960 年代甚或二次大戰前的學校，包括當時知名的鄉村學校，卻因不敵歷史洪流而悄然消逝。不過，還有一些有心人特意探尋它們的蹤影，尤其如今已全然空置的校舍，例如建於 1925 年的青山佛教義學。該校由青山寺主持顯奇法師創立，為香港首所佛教鄉村學校。二戰後雖曾成功復校，並易名為青山佛教學校，到了 1996 年還是因收生不足而停辦。此外，清末民初在陶氏宗祠開辦的五柳學校，1947 年易名為屯門學校，並於 1954 年自建校舍，最後也因收生不足，成為屯門另一所被關閉的鄉村學校。

屯門新市鎮。攝於 1979 年。
圖片來源：香港政府新聞處

中華基督教會拔臣小學

　　中華基督教會拔臣小學（下稱「拔臣小學」）位於屯門青山公路新墟段旁。前身為屯門福音堂駐堂宣教士顧啟德夫婦於 1920 年開辦的啟蒙館，初期只有九名學生。1931 年，香港新界傳道會有鑑於社會對教育需求甚殷，便籌劃開辦學校，得到教會會友馮耀彰出資捐助，在原址創立「拔臣學校」，以紀念馮耀彰的父親馮拔臣，又名馮扶，曾任英皇書院前身西營盤官學堂的校長。當時拔臣學校採用複式教學，其後更漸見規模。

　　拔臣學校於二次大戰時停辦，重光後改由中華基督教會香港區會接辦，並註冊為政府津貼小學。復課後，拔臣小學發展迅速。1958 年 6 月，該會總幹事汪彼得向倫敦傳道會申請撥出何福堂會所（即達德學院舊址）前的農地，興建新校舍。單層平房式校舍於 1960 年竣工，並於同年 9 月正式遷入上課，為學生提供完整的小學教育。1970 年代，拔臣小學開設每級三班，學生人數逾 750 人，是當時該區津貼小學聯合招生中最多家長選擇為第一志願的小學。

　　拔臣小學其後經多次擴建，各類校園設施日趨完善。學校在宗教節慶和聚會日子中會開放校園，舉行嘉年華會等活動，與社區同樂。

現在的中華基督教會拔臣小學。
圖片來源：香港教育大學香港教育博物館

（左起）鄧英敏先生、鍾惠娟校長、張偉良先生、李子建教授。

受訪者 ▶ **鄧英敏先生**，1968 年於拔臣小學畢業。現為中華基督教會拔臣小學校友會名譽會長。1974 年加入無綫電視成為藝人，於長壽綜藝節目「歡樂今宵」演出長達 18 年，亦飾演過不少電視劇集角色。近年更主持「老友鬼鬼」網台節目，活躍於 YouTube 頻道。

張偉良先生，1972 年於拔臣小學畢業。現為中華基督教會拔臣小學校友會名譽會長。1996 年亞特蘭大殘疾人士奧運會於輪椅劍擊項目中為香港贏得四面金牌，為世界首位於同一屆殘奧會上連奪四面金牌的運動員[1]。

鍾惠娟女士，現任中華基督教會拔臣小學校長。

訪問者 ▶ **李子建教授**

受訪片段

上學路上的回憶

　　鄧英敏先生自小和家人居於屯門新墟大街。父親在那裡開設「元昌疋頭洋服」，屬「前舖後居」。顧客多為當地水上人，以購買布疋和訂製唐裝、被單為主。鄧先生是家中老大，八兄弟姐妹均在拔臣小學上學。鄧先生憶述，當年上學路程不過五、六分鐘，沿途會經過售賣中藥的同春堂，

1　香港新聞博覽館：〈香港新聞博覽館舉行「奧運雄心」精英運動員網上分享會（第二場）〉（新聞稿），2021 年 11 月 6 日。取自 https://hkne.org.hk/web/zh-hk/media/press_release/2021/11/06/20211106_ 香港新聞博覽館舉行 - 奧運雄心 - 精英運動員網上分享會 - 第二場

正中建築物為馬禮遜樓，左邊平房建築為拔臣小學，周圍是一片農田。攝於 1963 年。
圖片來源：香港大學圖書館

拔臣小學前身，位於屯門福音堂的啟蒙館校舍。
圖片來源：中華基督教會拔臣小學

以及可以買到奶醬包的一德行。

張偉良先生排行第四，有七兄弟姊妹，其中五人都曾在拔臣小學上學。家住虎地上村，約為現時嶺南大學一帶位置。他每天步行上學，路程大約半小時，沿途經過多條村落、農田，還有溪澗。大雨天溪澗氾濫時，他便脫去鞋襪，提起書包和鞋子，涉水而過。經過農田時，他經常發現很多有趣的小動物，如：蜻蜓、蜥蜴等。

課程與課外活動

1960 年代，拔臣小學除學術科目外，還提供音樂等藝術科目；不過，張先生覺得最特別的卻是自然科。當年教授這科目的許老師會帶領同學到學校的農田學習耕種，種的都是蕃薯苗、蔬菜等容易生長的農作物。

此外，兩位校友對小學時的課外活動更回憶滿滿。鄧先生指出，當年的課外活動相對簡單，只有打籃球、打乒乓球、跳繩等。由於當時小學收生的年齡要求較為寬鬆，同班同學的年紀可以相差兩、三年，而參與課外活動正好讓他有機會與不同年紀的同學相處。直至今天，昔日的同學仍不時聚會。張先生亦提到，小學時同學常常一起在操場踢毽子、跳繩、玩「兵捉賊」和打乒乓球。不過，若說到最開心的活動，自是秋季大旅行，

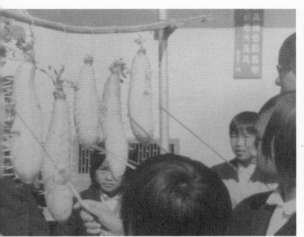

拔臣小學充滿鄉郊特色的遊戲日。
圖片來源：中華基督教會拔臣小學

拔臣小學於校園內設立動物閣，培養學生愛心和細心。攝於約 1990 年代。
圖片來源：中華基督教會拔臣小學

何況當時只有高年級同學才能參加。他還記得，師生一同起乘坐旅遊巴士到林村瀑布旅行的情景。那時尚未流行燒烤，他會帶一小罐「壽星公煉奶」和數片「嘉頓方包」去野餐。鄧先生對學校旅行亦印象深刻，他更指出林村瀑布外，也去過沙田紅梅谷、屯門青山寺等。鍾惠娟校長笑指，現在學校旅行只有六處指定地點，包括：佐敦谷公園、美孚的荔枝角公園、大棠、大埔，以及兩個主題樂園。每年一處，令同學在校六年的旅行地點不會重複。

好老師與學生的成長

「十年樹木，百年樹人」，鄧先生和張先生都深深體會，好老師對學生的成長極為重要。張先生提到，父母因家中子女較多，便將孩子的教育託付給學校。他們特別信任當時拔臣小學的馮壽松校長；甚至後來馮校長轉到何福堂小學任教，父母隨即將最年幼的兩個兒子轉往該校就讀。

鄧先生在初小時，考試成績在全班 44 人中最差，需要重讀一年。到了小五，他遇上英文老師廖元彬先生。廖老師以生命影響生命，令鄧先生脫胎換骨，短短時間內成績從榜末躍升榜首。為了不讓老師失望，他努力準備升中試，終於成功升讀元朗公立中學。

仁壽圍

文氏宗祠　　新田大夫第

❸

上水

新田公路

元朗站

朗屏站

❷　❷
大橋村　　泰豐街
康樂路站
教育路　大陂頭
❷
大棠路站

青山公路 元朗段

橫台山散村

粉錦公路

錦田公路

N

Google Map

元朗公路

錦上路站

水流田村

元崗村

石湖塘村

公立石湖學校

❶　同益公立學校

上村

錦上路

蓮花地

元崗新村

荃灣

元朗

屯門

❶	八鄉中心小學
❷	鐘聲學校
❸	惇裕學校

地圖僅供參考，未必符合比例

位於流浮山的蠔場。攝於約 1986 年。
圖片來源：香港大學圖書館

四、元朗

歷史背景及區內教育

元朗位於新界西，三面環山，單面臨海。部分文獻記述，元朗原稱「圓塱」，「圓」是豐滿完整的意思，而「塱」則指江與湖旁邊的低窪地區。由於土地肥沃且靠近水源，元朗以往發展農耕、製鹽等多元產業，區內經濟非常活躍。鄉村市集，亦即墟市，應運而生，供村民作農貿交易。清代《新安縣志》中曾提及元朗墟市，並指元朗大橋墩墟早在明朝便已出現；而元朗舊墟則始創於清康熙八年（1669 年）。二次大戰後，新墟漸漸成為元朗最大的市集。1960 年代開始，元朗市鎮範圍不斷擴展；其後政府更開拓元朗新市鎮與天水圍新市鎮。隨着歲月流轉，元朗現已成為一個城鄉、新舊共融的多元社區，目前人口約 66 萬。

如第一章所述，錦田鄧氏先祖鄧符修築力瀛書院，為香港歷史所記載的首所學塾。區內一所所古老的書室學堂印證着昔日新界教育的發展，而當中不少創立於 1950 年前的學校，如：同益公立學校（後與公立石湖學校合併成八鄉中心小學）、鐘聲學校、惇裕學校等，更呈現它們由當初只是教授村中子弟的書塾，演變成新式學校的歷史進程。現在，學生不只來自香港各區，亦有在內地生活的跨境學童。隨着社會發展，學生上學不再需要走過田基與魚塘，農耕和漁業知識也不再在課堂中教授；不過，學校仍十分重視當區各鄉各村的傳統習俗，並積極參與相關活動。

在元朗俗稱為「大馬路」的青山道的面貌。攝於 1960 年。
圖片來源：鄭寶鴻先生

八鄉中心小學

　　八鄉中心小學位處八鄉錦上路蓮花地，於 2003 年由同益公立學校和公立石湖學校合併而成。1921 年，八鄉最古老的祖堂之一「同益堂」集資興辦八鄉同益學堂，其後改稱為同益公立學校，校舍一直沿用至今，並於 2009 年獲評定為二級歷史建築。

　　日佔時期，同益公立學校曾被佔領地政府文教課下令，以「私立八鄉同益小學校」的名稱復課，為首批六所復課小學之一。二戰後，香港人口急增，同益公立學校學生人數曾一度多達 600 人。

　　同益公立學校曾是八鄉社區的主要地標，因應鄉村學校的地理優勢，特開設農耕種植課。校園內亦提供種植基地和水井，讓學生學習耕作。校舍外的大片草地，既是學生至愛，也是村民的「聚會聖地」。1980年代，草地上加建了體育和康樂設施，成為社區中心。

　　二十一世紀初，面對適齡學生人數下降，政府推出的「統整使用率低的小學」政策等挑戰，同益公立學校最終決定和持有相近教學理念的公立石湖學校合併，成為八鄉中心小學，讓八鄉得以保留一所歷史悠久並具代表性的學校。公立石湖學校原址為錦上路石湖塘，成立於 1950 年代香港適齡學童急增時期。兩校合併前均為採取複式教學的平房學校，承傳新界鄉村學校的傳統。

　　由於社區內的非華語人口急增，八鄉中心小學近年亦招收非華語學生。現時全校 363 名學生中，有 170 名非華語學生，幾近全校人數一半。

八鄉公立同益學校校園內的水井，曾是重要的食水來源；
1980 年代因建設遊樂與體育設施而封閉。攝於約 1960 年代。
圖片來源：八鄉中心小學

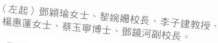

（左起）鄧穎瑜女士、黎婉姍校長、李子建教授、
楊惠蓮女士、蔡玉寧博士、鄧鏡河副校長。

受訪者 ▶　**蔡玉寧博士**，1972 年於同益公立學校畢業，註
　　　　　冊航天工程師。現為裘錦秋中學（元朗）物理
　　　　　科老師。

　　　　　楊惠蓮女士，1979 年於同益公立學校畢業。

　　　　　黎婉姍女士，現任八鄉中心小學校長。

訪問者 ▶　**李子建教授**

受訪片段

對校園和師長的印象

　　同益公立學校是由八條鄉村的村民共同籌建，因此，學校選址於八
條鄉村的正中位置。這亦是合併後，同益公立學校更名為「八鄉中心小
學」的原因。黎婉姍校長的爺爺黎達堯先生曾是同益公立學校的學生，在
他向黎校長分享的回憶中，當年同益校園並沒有鐵閘和圍牆，附近村民可
以自由進出，學校的空曠草地是鄉民的康樂好去處。學校的足球場、籃球
場與滑梯，更一直都是蔡玉寧博士和朋友的遊樂場。楊惠蓮女士對學校的
第一印象則是位於正門入口那道高大拱門；而和同學跳橡筋繩、攀爬架、
在氹氹轉上玩耍等，都曾是課外好時光。由於校園寬大空曠，附近村民還
會帶小孩到來學習踏單車。

　　蔡博士提及，當年圍村小孩特別尊敬老師。楊女士亦回憶起第一天

上課的情形，因為當天同學太興奮了，不斷吵嚷，老師一進課室便要大家
舉着書包罰站，直至安靜下來。雖然大家覺得老師很嚴厲，但幾年相處下
來，發現老師其實很疼愛學生，加以教學認真，師生感情因而愈來愈深
厚。畢業後，她仍不時與師長聯絡，還特別邀請老師參加婚禮。

課外活動

蔡博士憶述當年念小學時，離開元朗區的機會不多，而同益公立學
校旅行日正好讓他走出元朗，甚至新界。他認為最風光的一次旅行是到荔
園。當時學校得到邱德根先生[2]贊助入場費和午餐，讓學生得以一訪這個
著名的遊樂場。此外，他還記得曾與同學一起遊覽太平山頂和虎豹別墅，
卻不用花費分毫。至於楊女士因為家貧，參加旅行次數不多；印象最深刻
的一次便是到石梨貝水塘，與滿山猴子度過愉快的一天。

同益公立學校秉承了八鄉農耕的傳統，善用附近的農地，讓學生進
行耕種活動。時至今天，八鄉中心小學仍提供有機耕地，讓學生種植蕃
茄、秋葵等蔬菜。

八鄉的節慶文化

和許多新界鄉村一樣，八鄉中心小學所在的蓮花地亦有舉辦太平清
醮，每五年一次。期間有盆菜宴、神功戲、小食遊戲攤檔等，十分熱鬧，
同益公立學校師生都參與其中。黎校長指出，學生會參與一項名為「行
鄉」的傳統習俗，即由錦上路一直步行前往八鄉古廟拜祭；沿途經過八鄉
村落，向村民送上祝福，並提示打醮活動的開始。學校的龍獅隊亦會在行
鄉中表演，老師更會擔任司儀。黎校長提到，由於學校近年多了不同文化
背景的學生，龍獅隊也吸納了不少非華裔成員。活動正好為同學提供一個
體驗傳統中國鄉村節慶文化的機會。八鄉中心小學亦與八鄉社區關係緊

---

2   遠東銀行創辦人及前董事長，前亞洲電視董事局主席，有「亞視之父」的稱號。

密，許多社區的重要活動儀式，如植桂書室修繕後開幕、蓮花地牌樓落成等也會邀請學校參與。

1921 年，八鄉同益學堂落成典禮。時任港督司徒拔爵士（Sir Reginald Edward Stubbs）親蒞開幕，教育司伊榮（Edward Alexander Irving）亦應邀出席。
圖片來源：八鄉中心小學

鐘聲學校

　　鐘聲學校現址位於元朗舊墟路，由黃子律先生個人創辦。黃氏為前清秀才，1924 年遷居香港後，一直在不同書塾擔任塾師；1934 年，有鑑於求學人數眾多，乃在元朗大橋村創辦私立高小鐘聲學校。「鐘聲」一名來自黃秀才的庠名，寄寓平旦鐘聲之意。辦學初期，因租賃平房，只有兩間教室，教授小五、小六課程。直至 1948 年，學校均採取學年制，即每年新曆 2 月開課，12 月結業。1941 年，鐘聲學校因戰亂停辦。1942 年，與同益公立學校遭遇一樣，被文教課下令與元朗舊墟光大學校合併，在光大學校校址以「私立光大鐘聲聯立小學校」名義復課。

　　1946 年，鐘聲學校正式獨立復校，並向教育司署提出建議，由辦學團體繼續管理，政府則負責監管和資助，成為香港第一所註冊的資助小學。1957 年，位於鐘聲徑的新校舍落成，其後經多次擴建。2005 年，鐘聲學校獲分配現址的千禧校舍。新校舍內加設文物廊，保存了不少珍貴資料和藏品，包括黃秀才的藏書及戰前的手寫教材等。

　　鐘聲學校十分注重中國文化、文學教育。直到 1960 年代，所有學生習作和老師教案都以毛筆書寫。自成立起，該校即開設獨立成科的「文選課」，自擬教材，讓高小學生學習中國文學名著。此外，尺牘課至今仍保留為語文科增潤課程之一。

（左起）張綺芳女士、王玉麟校長、李子建教授、
陳求德醫生、鄭保瑛博士。

（左起）李子建教授、王玉麟校
長、譚志源先生、鍾港武先生。

受訪者 ▶　**張綺芳女士**，1955 年於鐘聲學校畢業。2007 年
加入鐘聲學校校董會，現任校監。

陳求德醫生，1960 年於鐘聲學校畢業。港大同
學會書院創校校監、香港大學前校董會成員、
香港話劇團前理事。現為私人執業骨科專科醫
生、香港中文大學骨科及創傷學系臨床副教授
（名譽）。

譚志源先生，1976 年於鐘聲學校畢業。曾任香
港政制及內地事務局局長，現為港區人大代表
及香港賽馬會公司事務執行總監。

鍾港武先生，1986 年於鐘聲學校畢業。前任油
尖旺區議會主席及富榮區議員，現為鐘聲學校
校友會理事會主席。

王玉麟先生，現任鐘聲學校校長。

訪問者 ▶　**李子建教授**

受訪片段

入讀鐘聲學校

　　張綺芳女士及陳求德醫生在鐘聲學校就讀時期相若，當時一、二年級在元朗泰豐街校舍上課，三年級則轉到大橋村校舍上課。兩所校舍相距約 15 分鐘步程，途中經過多片農田。張女士較難忘的，是二年級時，某次由泰豐街走到大橋村校舍參加「月光會」（即校慶晚會），一眾學生摸黑走在田基路上，既開心又興奮。

　　譚志源先生於 1970 年入讀鐘聲學校小一上午班。當時校舍已遷往大坡頭，屬二層高建築物，後來因學生增加而加建一層。學校旁邊有很多農田，一些是花田，一些是禾田，而同學中不乏農民子弟。譚先生記得，放學後到同學家中玩耍，很多時要先等待他們給家中田地澆過水後，才能開始。

　　鍾港武先生則於 1980 年代就讀鐘聲學校。當時，他們一家人住在安寧路大榮華酒樓上層。他與四位兄弟姊妹都是鐘聲學校學生，一家人與鐘聲淵源深厚。

培育學生的修養和品行

　　老師的言行舉止對學生影響深遠。張女士與陳醫生均不約而同提及老校長黃子律秀才的往事。他們曾親眼看見黃秀才從路邊、大街、乃至茅廁內，撿起被丟棄的報紙、廢紙，並將其清洗乾淨，曬乾再燒掉。黃秀才以自己的言行，教導學生要尊重紙上的文字，令他們牢記至今。黃秀才的兒子黃建五先生亦曾任該校中文老師。他中國文學造詣深厚，善用歷史故事和詩歌文章教授中文，培養學生的文化修養和優良品行。王玉麟校長更補充說，這種學習模式仍承傳至今。

　　鍾先生與王校長更提及鐘聲學校一個特別科目，就是供小五、小六學生學習的《鐘聲文選》，內容全是精心輯錄的中國古代文學作品。鍾先生覺得，雖然《文選》內容對小學生來說頗為艱澀，但在小學階段能接觸這些文學作品，令他們升讀中學時中文根柢遠較其他學生扎實。現在他仍

1957 年，鐘聲學校於大坡頭鐘聲徑建立的新校舍，在 1968 年擴校，加建二樓。現址為中華基督教會元朗真光小學校舍。
圖片來源：鐘聲學校

鐘聲學校童軍團於元朗大橋村舊校舍前合照。攝於 1950 年代。
圖片來源：鐘聲學校

2005 年，鐘聲學校預備遷入新校舍。在黃子律秀才兒子黃建五先生見證下，校名由門樓上取下。
圖片來源：鐘聲學校

鐘聲學校第一屆畢業生（四男二女）與校長合照。前排為校長黃子律秀才。攝於 1934 年。
圖片來源：鐘聲學校

鐘聲學校五十年代女學生校服樣式。
圖片來源：鐘聲學校

能把當年學過的〈燕詩〉倒背如流。王校長亦特別指出，《文選》除了讓學生認識和欣賞詩詞歌賦，作品更隱含德育教化，讓學生從中得到做人處事的啟示和教導。

課外與社區活動

　　陳醫生憶述，在學時非常期待每年的學校旅行。他曾經去過西林寺、紅梅谷、望夫山等，還到過有名的「楓林小館」吃飯，美味的豆腐令他回味至今。張女士小六時有機會到太平山頂旅行，也令她開心不已。

　　譚先生課餘時間喜歡和同學一起打球。當時田間、草地和泥田常有蝸牛出沒，他會與朋友比賽，看誰捉到較多蝸牛；有時也會去捉「金鳳」[3]，再帶回學校向同學炫耀一番。

　　陳醫生記得，鐘聲的學生常常參與元朗社區的節慶和大型活動，例如：農曆三月二十三日的天后誕，學生會參加飄色巡遊。此外，漁農處自1950年代開始，每年均會在新界各地舉辦農產品展覽會，張女士也曾參加在元朗凹頭舉辦的一屆；那時鐘聲學校學生的勞作也獲邀展出。

元朗的變化

　　二十世紀中葉的元朗是個物產豐富的地方。說到元朗的美食和特產，受訪者立刻勾起不少甜美的回憶，隨口便可說出不同的元朗名物——烏頭魚、走地雞、豬肉、恆香老婆餅等，更提起不少名聲響亮的食店，例如：龍子餐廳、建記及第粥、好到底麵家等。

3　金龜子科目，一種體型較大，顏色閃亮的昆蟲。

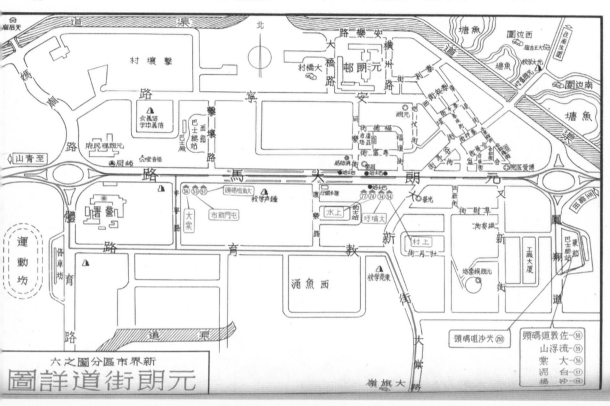

元朗市中心地圖，標有博愛醫院、元朗娛樂場、鐘聲學校等地位置。製於 1977 年。
圖片來源：南華早報

　　譚先生年幼時住在元朗娛樂場附近，娛樂場猶如小型荔園，當年頗
為有名。1970 年代，元朗主要有三條街道：元朗大馬路、教育路和安寧
路。「市區」的範圍並不大，其他地方都是農田和魚塘。那時元朗仍屬鄉
郊地方，就是前往屯門也算是長途跋涉。不過，元朗社區現已變得擠迫，
外來人口增加促使社區愈來愈城市化，樓房林立；而曾是天后誕巡遊路線
的大馬路，部分亦變成輕鐵軌道，交通便利得多。只是，陳醫生和譚先生
還是非常懷念當年元朗那份人情味。

惇裕學校

　　惇裕學校（下稱「惇裕」）位於元朗新田，原是文氏族人於元、明年間建村之初，為子弟設立的書塾。直至 1930 年代左右，族中子弟仍於太祖宗祠惇裕堂的支支齋內學習。1941 年，族人將書齋改為公校，為新田地區學童提供教育。校訓「惇孝裕昆」源自惇裕堂的名字，與校名相呼應，包含了「敦厚的修養」、「孝順父母」、「與人相處的器量」和「與兄弟和睦」的辦學精神。

　　後來因求學人數增加，宗祠未能容納眾多學童。建校委員會乃將宗祠及族人募捐所得，加上政府撥款，於 1953 年建成新校舍。學校的一草一木可說是村民同心合力的成果。現時仍然使用的足球場亦由村民齊心合力開闢建設。可惜到了 1997 年，經中央派位到惇裕就讀的學生只有五名，收生嚴重不足。翌年，學校決定招收跨境學童以解決生源不足的問題，從而成為首批到內地招生的香港學校，成功避免停辦危機。目前，惇裕每級各設兩班，並設有草地足球場、魚池、園圃種植區與香草中藥角等戶外設施，提供種植課程和活動，鼓勵學生多接觸自然和珍惜環境。

　　雖然學生來自不同地區，但惇裕與文氏關係依然十分密切，學生亦積極參與文氏村內的節慶活動，尤其文氏青山省墓，已移民的村民也會特意回港祭祖。學校每年亦舉辦秋季旅行，帶領學生參與省墓活動，敲鼓奏樂，巡遊村落，充分反映慎終追遠的孝悌精神，在惇裕教育中備受重視。此外，由文氏村民一手一腳打造的球場，更一直是學校和村民的「社區中心」，既是村民的運動與活動場地，也是學校舉辦電影欣賞會和慶祝活動的地方，與民同樂。

（左起）文富財先生、文偉昌先生、文祿星先生、文炳喜先生、
文富穩先生、李子建教授、鄭保瑛博士、陳杏軒校長。

受訪者 ▶ **文祿星先生**，1950 年代於惇裕學校就讀小一至
小三。

文富穩先生，1962 年於惇裕學校畢業。現為惇
裕學校校董會副主席、元朗區議會議員。

文富財先生，1972 年於惇裕學校畢業。現為惇
裕學校校董。

文偉昌先生，1979 年於惇裕學校畢業。現為惇
裕學校校董會主席。

文炳喜先生，現任惇裕學校校董。

陳杏軒先生，現任惇裕學校校長。

訪問者 ▶ **李子建教授**

受訪片段

文氏與新田

　　文富穩先生指出，文氏在新田發展已有 600 多年歷史，目前約有
6,000 名族人聚居於此。文氏的祖先是曾經跟隨文天祥抗元的子弟兵，亦
是他的堂兄弟。文天祥為國犧牲後，文氏祖先由江西輾轉來到香港，最初
在新田的仁壽圍居住，其後開枝散葉，部分族人更散居在較遠的洲頭村、
壆圍、米埔及石湖圍等。文氏族人在區內設有菜市場、理髮店等，自給自
足。村民亦會到附近的元朗墟和粉嶺聯和墟「趁墟」，銷售自家農產品。
後來，許多土地租予村外人經營雞場和豬場，一些禾田亦改作漁塘，養殖

基圍蝦。文祿星先生記得，新田靠近深圳河那一段是鹹淡水交界，早年盛產盲鰽魚和白鱔，非常美味。文偉昌先生也談到 1980 年代初，許多漁民搬到新田從事養魚業，還盛行飼養金魚。時至今日，新田仍有不少養殖食用魚和觀賞魚的魚塘。

入讀惇裕學校

　　在 1950 年代入學的文祿星先生雖然只在惇裕學校就讀小一至小三，之後為了方便將來升學而轉往元朗官立小學，但他對當年每天踏單車上學的生活依然印象深刻。文富財先生則提到他和兄弟姐妹都在該校上學，因為當時交通成本很高，所以大部分族人都會留在惇裕學校讀書。過往學校每天都會敲響校門前的校鐘，通知學生上課。這口歷史悠久的銅鐘，今天仍然懸掛在學校入口。文富穩先生在 1960 年代就讀時，每班人數約 45 人左右，課室內非常擁擠。1960 年代的學生上課前會先在足球場上集會，之後才分班回課室上課。文富穩先生和文富財先生都提起當年在集會上，不聽話的學生會被當眾罰站，還會被老師用藤條或直尺打手心。

惇裕學校過去會參與每年的「文氏青山省墓」。學生老師一起敲鼓奏樂，巡遊文氏村落。
圖片來源：惇裕學校

文氏宗祠又稱「惇裕堂」，為文氏族人祠堂。
圖片來源：香港教育大學香港教育博物館

惇裕學校的學生上農耕課堂，學習種植蔬菜。
圖片來源：惇裕學校

文氏的盆菜宴

　　文氏有許多傳統的節慶習俗，食盆菜便是其一，文祿星先生的母親更是文氏鄉里眾口交譽的「盆菜大師」。文偉昌先生指出，新田傳統盆菜與現今市面買到的很不一樣，既沒有鮑魚這類昂貴食材，也不會以金屬盆盛載。傳統的新田盆菜要用柴火烹煮，食材更要一層一層地放於木盤內，有門鱔乾、魷魚、豬肉、豬皮和蘿蔔等，而最不可或缺的，就是代表「有後」的茨菰。文祿星先生也提到，新田出產的烏頭魚和崇鯿魚也很有名，所以盆菜最上層多半會放上一條魚。

惇裕學校的課堂與課外活動

　　惇裕學校也會安排學生參加元朗區的大型運動會，以及到青山寺、新娘潭等地旅行。文祿星先生讀書時常與同學一起在學校球場踢足球，還曾代表新田鄉參與「夏令杯」，出戰元朗其他五鄉，並贏得冠軍。香港一代足球名將文錦棠，便出自新田文氏。文偉昌先生也談到，讀書時每年也會去元朗參加大型運動會。運動會那天，全校停課，全體同學在學校門口集合，一起乘坐巴士到比賽場地。陳杏軒校長則提及，學校曾在後院養羊；2000 年，他初到惇裕任教時，學校還沒有電腦室，卻有一個放滿昆蟲和動物標本的標本室，為師生提供獨特的學與教體驗。今天的惇裕學校也延續富鄉土氣息的課外活動，例如：捕捉和飼養獨角仙、種植中草藥、親子校園露營等。

深圳

坪輋路

羅湖站

木湖村

文錦渡

4

4 週田學校

週田村

沙嶺墳場

北區

Google Map

N

山雞乙上

虎地坳村

華山村

2b

廖萬石堂 2

2a

上水圍

北區運動場

上水廣場

天平邨

1 金錢村何東學校

2a 鳳溪第一小學

2b 鳳溪創新小學

3 粉嶺公立學校

4 打鼓嶺嶺英公立學校

宗福學校 1

1

金錢村

粉嶺公路

彩園邨

上水站

粉嶺高級小學

聯和墟

3

北區醫院

百和路

粉嶺村

思德書室 3

3

沙頭角公路

地圖僅供參考，未必符合比例

沙頭角街市前的邊境禁區警察檢查站，人們須出示邊境禁區通行許可證方可進入。攝於 1958 年。
圖片來源：香港大學圖書館

五、北區

歷史背景及區內教育

新界北區與深圳邊境接壤，主要包括統稱為「上粉沙打」的上水、粉嶺、沙頭角和打鼓嶺四區，以及船灣郊野公園、吉澳、印洲塘等位於香港東北的部分離島和海岸。

「上粉沙打」四區各有特色。上水最先於 1980 年代獲發展為新市鎮，同時保留了香港重要的自然濕地和傳統建築——塱原濕地與建於十九世紀的客家圍村松柏塱。至於粉嶺之名，相傳該地曾有一塊稱為「粉壁嶺」的石壁，雪白如粉，為附近一帶村民供奉求雨之所，由此得名。而沙頭角一帶則是英國用作 1898 年租借新界時與中國的分界線，大部分地方於2012 年前仍被劃為邊境禁區。打鼓嶺常常出現於天氣報告中，為香港冬季最寒冷的地區之一。

北區擁有肥沃而廣闊的土地資源。研究香港氏族譜牒的學者發現，不少內陸人士於宋、元、明年代已移居至此；其中上水侯氏和廖氏、粉嶺彭氏和鄧氏、沙頭角李氏、打鼓嶺陳氏等，在北區已傳承多代，為赫赫有名的傳統氏族。

昔日北區充滿濃厚的鄉村文化氣息，建設了不少書室、攴攴齋和鄉村學校。不少氏族在開枝散葉的同時，也不忘子弟的教育。北區的鄉村學校與該區氏族共同成長，而宗族辦學正開創了北區教育先河。其中位於沙頭角禾坑村的鏡蓉書屋，為沙頭角李氏子弟服務已逾兩個世紀，直到1986 年才結束。雖然宗族開辦學塾原意是為了讓族內子弟考取功名，但百多年來，傳統學堂不斷推陳出新，致力改善，尤其學校設施，以回應社會急速發展的教育需求，並善用當區多樣化的生態環境，以及豐富的野生動植物資源，為學生設計親近大自然的學習活動。鄉村學校有着較一般市區學校更大的校園，以及無可替代的人文鄉土氣息，近年更是教育局發展小班教學的先導試點。在東北新發展區的帶動下，鄉村學校未來當會為區內外學生帶來不一樣的學習經歷。

金錢村何東學校

　　金錢村何東學校位於上水金錢村，前身為創立於 1902 年的侯氏私塾「宗福學校」，設於當時侯氏族人舉行祭祀的「宗福堂」內。據校內碑文所記，戰後宗福學校學生人數急增，校舍不敷應用，幸得何東爵士贊助，新校舍於 1954 年建成，學校因而定名為「金錢村何東學校」。

　　何東爵士家族對學校貢獻良多，與金錢村亦頗有淵源。1974 年，學校把新落成的禮堂命名「何爵紳夫人麥秀英堂」，並邀得何東爵士之子何世禮將軍蒞臨揭幕。當時，何將軍提及家族和金錢村的淵源。原來何東爵士早於 1910、1920 年代在新界地區覓地發展及研究農產業，並在毗鄰金錢村的地方購地，建立自己的農場「東英學圃」。農場修築期間，何東爵士不時帶同家人前來視察，二戰時也曾暫居於金錢村味峰侯公祠的閣樓。年紀尚幼的何將軍當時還與村中兒童一起遊玩。戰後，曾是金錢村「住客」的何東爵士聽到村民為不敷應用的校舍躊躇時，即義不容辭伸出援手。到了今天，何東爵士的曾孫何彪伉儷仍是學校校董，見證學校與何東家族間，那份已逾一世紀的情誼。

　　雖然金錢村何東學校源自單姓村內的祠堂書塾，但 1956 年第一屆 21 名畢業生中，只有十名為侯氏子弟，外姓學生超過一半，可見學校不再只服務村中子弟。據學校統計，1956 到 2019 年間，共 96 班近 3,000 名學生中，只有不到百分之十一是侯姓學生。學校早年已吸引到不少附近村落及上水的學生前來就讀；近年，金錢村何東學校更積極開拓生源，擴建校舍，還增設校巴服務，吸納跨境學童。

（左起）鄧穎瑜女士、陳朝基先生、李子建教授、
侯樹球先生、吳毓琪校長。

受訪者 ▶ **陳朝基先生**，1962 年畢業於金錢村何東學校。
曾奪得兩屆（1968 至 1969 年度及 1970 至 1971
年度）香港甲組足球聯賽神射手。

侯樹球先生，1965 年畢業於金錢村何東學校。
前香港教育學院人力資源處處長，現為金錢村
何東學校校董。

吳毓琪女士，現任金錢村何東學校校長。

訪問者 ▶ **李子建教授**

受訪片段

加入學校大家庭

　　陳朝基先生小時候家住上水，初時就讀上水育賢學校，期間不幸遇
上石湖墟兩次火災。他形容，當時差不多整個上水區都燒光了。災後他搬
進舅父家暫住，兩年後才遷回上水。由於未能重返育賢學校就讀，因而轉
到金錢村何東學校，入讀四年級。他每天往返學校，除了乘坐公共小巴前
身的「七座位」小巴外，還可以乘搭由貨車改裝而成，俗稱「豬籠車」的
鄉村巴士。

　　侯樹球先生則是侯氏子弟，家住學校附近，1959 年入讀金錢村何東
學校。當時學校分為上、下午校，後來才改為全日制。他指出，那時候上
學和放學，學生都要自己照顧自己，非常獨立。當年校園附近有河流、池

塘、稻田及種植蔬菜的農地。由於校園沒有任何圍牆，有些同學晚上會偷偷跑進學校玩耍。

吳毓琪校長提及，她一次偶爾駕車經過，看到優美的學校環境，心動不已。雖然當時校園建築簡單，四周也較為荒蕪，她卻已下了決心，到該校任教，終於願望成真。

環境育人

陳先生強調，學校的戶外空間很大，猶如一個國際標準大球場。小息時，同學爭相到戶外玩耍，包括：乒乓球、籃球、足球、打彈珠、拍公仔紙、跳繩、踢毽等活動。他說當年乒乓球是學校強項，在新界難有對手與其爭鋒。吳校長補充說，現時則以籃球隊最出色，曾奪得北區籃球比賽總冠軍。

陳先生當年雖然喜歡踢球，卻因位置大都被高年級同學搶佔，只好加入其他有空位的活動。不過，讀書期間，陳先生已是金錢村金青足球隊的球員。侯先生還笑說，當年他們這些低年級學生總是在龍門後面的小樹林，搶着幫師兄撿球，再踢回球場內。

侯先生和陳先生還記得，每年校慶都會舉行烹飪比賽，展現團隊合作精神。學生在校舍後面的松嶺上集合，分組負責買菜、燒柴生火，用小煎鍋煮食，完成後交給老師評審。

參加節慶

歷史悠久的金錢村何東學校與附近村落及社區關係密切，當地傳統節慶活動亦會邀請學校參與，包括：金錢村戰後重新舉辦的「大王福德寶誕」，即土地誕。學校將寶誕正日定為學校假期[4]，鼓勵高年級同學和學校

4　參考金錢村何東學校〈2021-2022 年度下學期校曆表〉，2022 年 2 月 21 日列為「本村神誕」，為學校假期。

員工參加。校友侯樹球先生便指出，寶誕中的盆菜宴在金錢村何東學校後方舉辦，近年宴席更多達 100 圍。吳毓琪校長補充說，盆菜宴的安排很特別，以流水宴方式舉行。村民賓客分批入席，川流不息。此外，學校以前還會參與每年九月初八的祭祖儀式。由於金錢村侯氏和河上鄉侯氏系出同源，河上鄉的學生亦會參與，而不論同學是否侯姓均可參加。大家列隊步操，打鑼打鼓和吹嗩吶，所有樂器演奏均由學生負責；隊伍長達一里，由

金錢村何東學校第一屆畢業生合照。攝於 1956 年 7 月。
圖片來源：金錢村何東學校

金錢村出發，沿路會經過松柏塱、上水墟、鳳溪學校、紅橋，最後到達位於上水瀝的祖先墓地，並在山上舉行煮食盆菜的「食山頭」習俗。陳先生和侯先生表示，他們當年均十分投入活動。可惜，現在因路面情況複雜，惟恐學生步行途中發生意外，學校已不再參與儀式了。

金錢村何東學校昔日校舍。
圖片來源：金錢村何東學校

鳳溪第一小學

　　鳳溪第一小學，位於上水馬會道，起源可追溯至 1932 年開辦的鳳溪小學，為上水鄉廖氏族人創辦的第一所學校。前此，時任村長廖壽彭先生立意為族中子弟提供文化教育機會，特在大屋旁建立私塾。後來，因應社會對教育的迫切需求，廖族賢達決定借用廖萬石堂祖祠為校舍，並向政府註冊成立鳳溪小學，接受政府津貼。

　　開辦新式學校對上水鄉來說，無疑是莫大挑戰，包括：學制、課程，以至校舍建築要求等，均與私塾截然不同。過去以私塾為校時，不同年級會在同一教室上課，課程進度和上課時間更往往受農耕時令掣肘。改為新式教學後，學校必須依循政府政策，得到教育司署認可方能辦學。例如：學校為配合政府於 1933 年頒佈有關校舍消防衛生的要求，便要在廖萬石堂的磚牆上加建窗戶，令教室空氣流通。部分居民當年曾大力反對，幸而在村長和校董調解下，事情終得解決。

　　太平洋戰事爆發，學校被迫停辦。為了讓兒童能繼續接受教育，鳳溪小學於 1942 年底復課。當時學校並沒有任何資助，更無法支付教師薪金，只靠鄉親間互相幫忙，共渡時艱。戰後，隨着適齡學童人數急增，廖萬石堂校舍不敷應用，村民便在祠堂旁加建平房課室。1974 年，鳳溪小學遷往鳳溪第一中學左鄰的新校舍上課。1987 年，鳳溪小學分為上、下午校，提供更多學位。2005 年，鳳溪小學上、下午校逐步改為全日制，分別成為鳳溪第一小學和鳳溪第二小學（今鳳溪創新小學）。

（左起）李子建教授、廖子良先生、潘幸慧小姐、鄭保瑛博士。

受訪者 ▶ **廖子良先生**，分別在 1967 年及 1974 年畢業於鳳溪小學和鳳溪中學。1999 年至 2015 年間曾擔任鳳溪第一小學校長，現為鳳溪第一小學法團校董會主席。

潘幸慧小姐，2010 年畢業於鳳溪第一小學。現為香港田徑代表，2021 年代表香港出戰全國運動會。香港業餘田徑總會全港分齡田徑賽 C 組 200 米紀錄保持者。

訪問者 ▶ **李子建教授**

受訪片段

上學趣事

　　廖子良先生小時候居住在上水圍內，順理成章入讀設於廖萬石堂內的鳳溪小學。由於住所和學校相距不遠，加以圍村內沒有車輛行駛，他每天會獨自步行往返學校，並回家午膳。儘管當時已實行新學制，農忙時仍有部分同學「逃課」，協助家中農活。他還記得，一名同學上課時還要「放牛」——牛隻就放養在教室外，非常有趣。

　　潘幸慧小姐入讀時，學校已遷往上水馬會道新校舍。因家在上水，她可以乘坐保母車，也可以步行回校。廖先生補充，馬會道的校園用地原是廖氏的農田。由於先賢非常看重教育，故捐出田地，讓鳳溪興建偌大的校園。

用心辦學

　　廖先生強調廖氏先輩對教育一向非常重視，更用心辦學。他們早已洞悉私塾教授四書五經的傳統模式，不足以應付香港日新月異的社會，故而直接開辦小學。雖然學校已獲政府資助，但數額相對學校營運所需，只屬杯水車薪，辦學相當艱苦。當時，要是沒有村民的支持和捐助，鳳溪的教育使命着實難以傳承下來。他還指出，鳳溪學校成立之初便籌組校董會，活用西方管理學概念。

讓學生多作嘗試

　　潘小姐喜歡運動，認為廣大的校園空間是鳳溪學校一大特色，亦是吸引眾多學生入讀的原因之一。當年，這裡不但有草地足球場，還有多個籃球場和田徑練習場地，給予學生極多的活動空間和體育運動設施，並

鳳溪小學師生合照。攝於 1950 年代至 1960 年代。
圖片來源：上水鄉鄉公所

上水馬會道鳳溪第一小學及鳳溪創新小學大門前，仍有「鳳溪小學」字樣。
圖片來源：香港教育大學香港教育博物館

為香港孕育不少優秀的運動員。她也是從小學開始參加田徑興趣班，漸漸對田徑運動產生興趣。潘小姐憶述，小時候學業成績不算出色，也沒有自信心，全靠一直堅持田徑運動，並在教練指導下和鍛煉過程中，培養出專注力、刻苦精神和堅毅意志，更增強自信，連學業成績也變得愈來愈好。她能在 14 歲時打破香港青年 400 米紀錄，就是源於小學時不斷的訓練。

廖先生小學時已是小狼隊的一員，後來更晉升為童軍及深資童軍。他說，那時候很多同學都能考獲「榮譽童軍獎章」[5] 這項童軍的最高榮譽。他也是足球隊代表，升上鳳溪第一中學後，又加入籃球隊和合唱團。廖先生亦是游泳校隊代表，儘管這不是他的強項，因學校着重盡力參與，他才有機會出賽。他強調，學校期望每名學生都有機會發揮潛能，從不同活動中培育出興趣和信心。而潘小姐除了田徑運動外，也曾參加小女童軍、手球、足球、舞蹈、合唱團和水墨畫班等，課外活動可謂多采多姿。

旅行的回憶

全校師生均會參加學校安排的秋季旅行。由於人數太多，不能選擇太偏遠的地方。其中一次旅行，是所有鳳溪的中小學生一起步行約 45 分鐘，前往附近一個名叫華山的山頭。廖先生笑稱，由於學生隊伍很長，排在隊伍最前面的到了華山，最後面的才剛離開學校。而另一次旅行目的地為河上鄉，路途相對較遠，卻可以在河邊玩耍，給他留下難忘的回憶。

5　1997 年前，「榮譽童軍獎章」英文名稱為 Queen's Scout Award，回歸後改稱為 HKSAR Scout Award。

1970 年代後期的廖萬石堂，門額上仍掛着「鳳溪公立學校」校名牌匾。
圖片來源：鳳溪第一小學

廖萬石堂重修前內部情況，兩旁仍保留當年鳳溪小學四間教室。
圖片來源：鳳溪第一小學

粉嶺公立學校

粉嶺公立學校位於粉嶺村，前身為彭氏建立的祠堂家塾「思德書室」。思德書室建立之初，主要為粉嶺村內彭姓子弟提供學習機會，建有四間教室，學生不到百人。1936 年，思德書室正式改名為粉嶺學校，成為政府津貼學校。粉嶺學校採用學年制，每年春季開課，開設一至六年級，共六班，全日上課；惟因教室不足，只能採用複式教學。

第二次世界大戰期間，粉嶺學校被迫停辦。1945 年香港重光後復課，繼續接受政府資助，並轉為學期制，改於秋季開學。同年，鄉村師範附屬小學由元朗遷到粉嶺，並與當時粉嶺圍村長兼粉嶺學校校監彭富華先生商討，借用北邊的彭氏祖祠合作辦學。鄉村師範附屬小學接收粉嶺學校的小五、小六生，並更名為「粉嶺高級小學」；而小一至小四學生則留在原校，學校也改名為「粉嶺初級小學」。

1955 年間，粉嶺人口急增。粉嶺初級小學除了彭氏子弟，也有不少外姓學生入讀，校舍再次不敷應用。彭富華村長因而召開村民大會，提議學校參與政府的「一元津貼一元」資助計劃，籌建新校舍。在村民捐地出錢和政府補貼下，四合院式的新校舍於 1957 年春天竣工。新校改名為「粉嶺公立學校」，而原來的思德書室則改建為教師宿舍。到了 1962 年，上、下午校共開設 26 班，學生人數逾 1,000 人，規模在新界眾校中可算是數一數二。1971 年，學校再次擴建三間教室，以應付教學需要。2000年，學校新翼落成啟用，學校被教統局挑選為香港 18 所「資訊科技教育卓越中心」之一。2004 年，學校獲教統局選定為全港首階段的小學中文科及常識科學習中心。2012 年更舉行 75 週年鑽禧校慶，並延開 100 席盆菜宴。學校亦積極參與教育統籌局各式資訊科技、健康學校等計劃，帶領學生與學校一起邁向新世紀。

（左起）鄧穎瑜女士、李榮基教授、何瑞明女士、
余美賢校長、李子建教授。

受訪者 ▶ **何瑞明女士**，1958 年畢業於粉嶺公立學校，師
範學校畢業後回到粉嶺公立學校任教直到退休。

李榮基教授，1962 年畢業於粉嶺公立學校，現
為香港中文大學物理系客座副教授。

余美賢女士，現任粉嶺公立學校校長。

訪問者 ▶ **李子建教授**

受訪片段

鄉村氣息

何瑞明女士 1956 年入學時，新校舍還在興建中，仍要在思德書室
上課。直到 1958 年六年級時，學校才遷入現址的新校舍。當時，她家住
粉嶺黃崗山山腳，父親經營農場，農田就在火車路旁，小孩子還要幫忙
放牛。何女士回想，當年每天沿着火車路步行往返學校，路程約為 15 分
鐘，不算太遠。

李榮基教授也是同一年入讀該校，最初亦在思德書室上課。他當時
住在蓬瀛仙館附近的田心村，父母務農，家中農田鄰近何女士家的田地。
他也是每天步行往返學校，沿着泥路，途中經過粉嶺火車站和一些稻田。

那時候，整個粉嶺的鄉土氣息非常濃厚，校園內也不例外。何女士
還記得，一場雨後，農田水坑裡滿是小蝌蚪，游來游去，同學還忙着跑去

捉蝌蚪。李榮基教授也曾於放學回家途中，在火車路旁的水潭裡捉蚌。他還在學校附近的荔枝樹林裡，看到黑毛小豬在玩泥巴，非常可愛。

用心培養

當時入讀粉嶺公立學校絕不容易，因為全區只有這所小學，一共才十班，競爭十分激烈；為此，每班也曾收錄多達 48 名學生。何女士指出，學校會優先取錄粉嶺圍彭姓學生。她那一屆便有很多彭姓同學；不過，李榮基教授表示，他班上彭姓同學不多，只有一、兩位。

何女士記得，學校當時是半日制，並在分班上推行精英教育。初小的精英班安排在下午上課，而高小的精英班則在上午，頗為獨特。李榮基教授補充說，英語課雖然在三年級才開始，但採用當時東南亞廣泛使用的牛津課本，因此，他們到市區升學也可以適應。除中、英、數之外，學生

時任港督葛量洪爵士（Sir Alexander Grantham）與教育司高詩雅（Douglas James Smyth Crozier）到粉嶺公立學校參觀。攝於 1955 年 5 月 16 日。
圖片來源：粉嶺公立學校

還要學習農村常識。校園旁有一個農場，學生分成小組，每組獲分配一小塊田地，學習種植。附近還有一個大水池，學生需要到水池提水澆灌農地。何女士提到，學生種植的農產品還會在新界農展會展出，並經常在比賽中獲獎。

何女士就讀時，校舍沒有鋪設電力系統，只能以油燈照明。李榮基教授還記得，校長彭富華先生在學校大門前，於夏天烈日下，汗流浹背地對學生訓話的情景。他續指，彭校長為學校發展盡心盡力，並聘請了很多優秀的老師前來任教。

李榮基教授憶述，昔日主體校舍外形和今天相差不大，但當年的農場今天已變成校舍新翼，而學校旁邊的滑梯和籃球場亦變成大樓和教室。此外，以前稱為「入德之門」的校門也替換了，而從前的泥地足球場如今也鋪了膠地面。

粉嶺公立學校學生於 1985 及 1986 年度學童種花比賽獲得全場總冠軍。
圖片來源：粉嶺公立學校

思德書室於 1936 年正式改名為粉嶺學校，並成為政府津貼學校。書室現址還留有寫上「粉嶺學校」的門廊。
圖片來源：香港教育大學香港教育博物館

學校與粉嶺圍

　　粉嶺公立學校與粉嶺圍關係一向密切。學校因村民出錢出力支持才得以建立，而不少校友亦是村中居民，相互的連繫愈發緊密。粉嶺圍的活動和節慶，一直都會邀請學校同學參加，例如：打醮時，粉嶺公立學校學生會參與表演舞龍和唱歌，而村長選舉也會借用學校場地進行。每年農曆新年，學生還會走進粉嶺圍內，為村民送上裝有米、油和揮春的福袋。

　　何女士的丈夫曾在粉嶺公立學校任教，後來還組織校友會。1970 年代開始，校友會每四至五年會在校園內舉辦盆菜宴，承傳新界圍村傳統。盆菜由住在粉嶺圍內的舊生負責烹煮，再送到學校與校友和家屬一同享用，極具風味。余美賢校長補充，學校在校慶等重要活動也會辦盆菜宴，譬如 75 周年時便在校園內筵開百席，邀請粉嶺圍村民和舊生參加。

打鼓嶺嶺英公立學校

　　打鼓嶺嶺英公立學校（下稱「嶺英」）位於打鼓嶺週田村，其前身為 1949 年在村內開辦的「週田學校」。週田村座落地區於 2016 年年初之前仍屬邊境禁區，要持有效文件方可進出。根據土地紀錄，週田村由杜氏於十七世紀建立，何、蕭兩族於十九世紀末遷入，組成現在的週田村。雖然地處偏僻，村民為了讓子弟也有機會接受教育，在教育司批准下，於村內建成只有一層，共兩間教室的「週田學校」。這所舊校舍仍保存至今。

　　週田學校以私立方式營辦，每名學生需繳兩元學費，在當時來說，已非常昂貴。1956 年，週田學校校長，亦是嶺英的創校校監杜錦洪先生，成功為學校爭取到政府津貼。其後，邀請曾任軍官的張樹仁先生出任校長，與杜校監一起籌建新校，此舉獲村民大力支持。他們不止捐出土地，還一起開墾，更將村內多棵百年樟樹砍掉出售，籌募資金。1958 年，位於老鼠嶺的新校舍建成，學校也正式易名為「打鼓嶺嶺英公立學校」。嶺英取錄的學童，除了來自週田村，還有來自打鼓嶺其他村落，如：木湖村、山雞乙村、甚至遠在上水的華山村。為了協助這些學生上學，學校不但津貼乘車學生的車資，還開闢山路，由工友親自鋪設水泥路，方便學生步行上學。

　　由 1950 年代開始，嶺英義務派出老師測量天氣資訊，並將數據匯報天文台。今時今日，嶺英更設立了一個自動化的氣象站，每五分鐘向天文台發送打鼓嶺的氣象訊息。

　　1970 年代始，香港出生人口下降，打鼓嶺附近村民也紛紛搬離，嶺英面對收生不足、瀕臨殺校的危機。為了將嶺英繼續傳承，學校自 2004 年起，積極招收跨境學童、優化教學方式、提升學生成績、發展學生專長，更因此獲得不少獎項，並吸引到新界其他地區的學童慕名前來報讀，學校發展從而踏進另一新階段。

（左起）黃偉東先生、杜錦貴先生、朱國強校長、
李子建教授、鄧穎瑜女士、李俊民先生。

受訪者 ▶　**杜錦貴先生**，1975 年畢業於打鼓嶺嶺英公立學
校。現為打鼓嶺嶺英公立學校校董及週田村村長。

黃偉東先生，1975 年畢業於打鼓嶺嶺英公立學
校。現為基督徒信望愛堂逸東幼稚園校董及嶺
南鍾榮光博士紀念中學校牧，兼任香港浸會大
學及香港教育大學客席講師。

李俊民先生，2009 年畢業於打鼓嶺嶺英公立學
校。2014 至 2015 年度中國香港跳繩總會香港代
表隊成員。2014 年世界跳繩錦標賽 15 歲或以上
組別男子團體全場總冠軍。

朱國強先生，現任打鼓嶺嶺英公立學校校長。

訪問者 ▶　**李子建教授**

受訪片段

往返學校的交通

以往打鼓嶺位處邊境禁區範圍，交通極為不便，巴士服務更遲至
1960 年代才出現。杜錦貴先生當年住在週田村，尚可步行上學，但居住
於區外的學生則每天需要乘坐巴士、校巴或踏單車上學。黃偉東先生家住
虎地坳村，與學校距離較遠，每天也要坐校車往返，因而對由貨車改裝成
的校巴印象深刻。杜先生補充，那是鄉村貨車（也即是金錢村何東學校校
友陳朝基先生提及的鄉村巴士），沒有車門，只用木板上落；車廂兩邊設
有兩排坐橙，中間位置掛滿了當作扶手的繩子。由於沒有乘坐人數限制，

週田學校舊址，入口處的週田學校牌匾仍隱約可見。
圖片來源：香港教育大學香港教育博物館

週田學校學生於校門前合照。
圖片來源：打鼓嶺嶺英公立學校

大家都想盡辦法擠進車內。

　　當時嶺英附近山道極為彎曲，更被村民稱為「死亡彎角」，彎道旁的懸崖深達十米，經常發生交通意外。因此，校車不會駛進學校，只在學校後山位置停下，讓學生步行翻過山頭回校，需時約 20 分鐘。遇上雨天，更有機會水浸，水深可達兩米，非常危險。

農藝和多元活動

　　嶺英現時裝設淨水系統的地方曾是學校的農田，供學生參與種植活動。當時，每班獲派一片農田，由學生負責種植，照顧茄子、菜心、白菜、蔥等蔬菜。學校更會舉辦比賽，評審每班農作物的品質。杜先生指出，1960、1970 年代學生大多來自農民家庭，平日需要協助家中農務，因而掌握一定農耕知識。不過，黃先生家卻以飼養熱帶魚為業，對種植沒有經驗；同學便成了他的導師，教導他照顧田地。

　　朱校長指出，學校現在也有讓學生體驗種植活動，農耕的傳統和知識仍然得以傳承。學校活用自身的優美自然環境，藉以建立多元化的課外

因校址偏遠，自 1980 年代起，打鼓嶺嶺英公立學校設置冷氣旅遊校巴及小型巴士接送學生。
圖片來源：打鼓嶺嶺英公立學校

活動。曾為中國香港跳繩總會香港代表隊成員的李俊民先生，便是在這裡培養出對花式跳繩的興趣。由於其姊是學校的跳繩隊成員，他自小便跟姐姐學習跳繩，一入學便獲教練賞識，被選入跳繩隊。其後六年，他刻苦訓練，參加比賽，為後來成為運動員奠定了堅實的基礎。

與村民同樂

　　嶺英與創辦學校的週田村杜氏一向關係密切。杜氏也多年來出任嶺英的校董和校監，十分支持學校。杜村長憶述，嶺英過去經常支持及參與村內活動，例如：鄉村清潔比賽期間，學校會派出老師和學生一起到村裡幫忙清潔，為週田村贏得不少獎項。學校更會主動走進村內舉辦活動，慰問老人，與村民同樂。

　　朱校長笑言，村內舉辦的盆菜宴也會邀請學校老師參加。杜村長指出，杜氏男丁每年年底會到村中廟宇祭祀，酬謝神恩，並在農曆新年前兩個星期天舉行盆菜宴，俗稱「還神飯」，更會特地預留兩、三席給學校。

打鼓嶺位置偏僻，學生需要穿越許多未經開發的林野上學。
圖片來源：打鼓嶺嶺英公立學校

打鼓嶺嶺英公立學校學生體驗農耕。
圖片來源：打鼓嶺嶺英公立學校

打鼓嶺嶺英公立學校今天仍被翠綠包圍，學校也活用這優美的自然環境，成立到山林紀錄動物的博物調查
隊，並增設照料小動物、耕作、森林等課程，為學生提供多元發展。
圖片來源：香港教育大學香港教育博物館

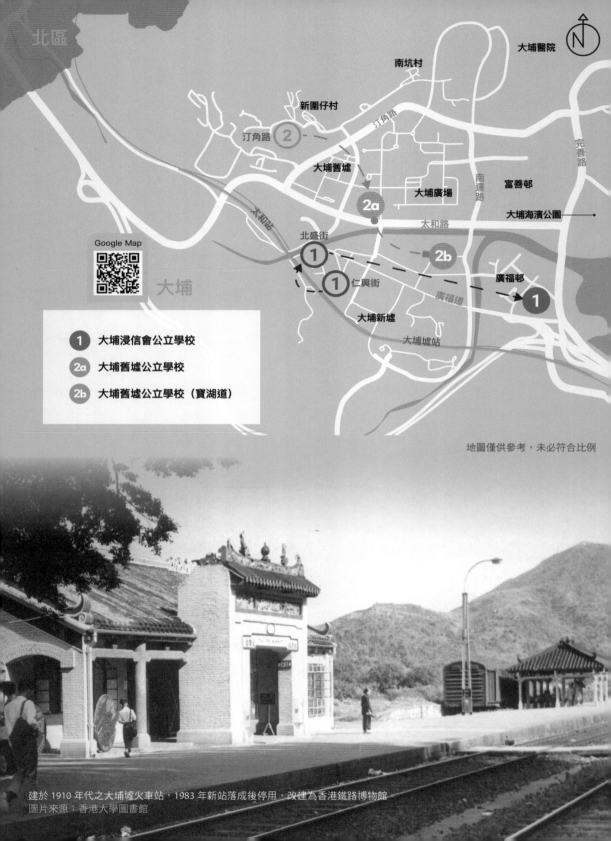

北區

北坑村

新圍仔村

汀角路 ②

汀角路

大埔舊墟

大埔廣場

南運路

富善邨

大埔醫院

完善路

太和站

北盛街

②a

大埔海濱公園

太和路

大埔

Google Map

①

②b

①

仁興街

廣福道

廣福邨

①

大埔新墟

大埔墟站

①	大埔浸信會公立學校
②a	大埔舊墟公立學校
②b	大埔舊墟公立學校（寶湖道）

地圖僅供參考，未必符合比例

建於 1910 年代之大埔墟火車站，1983 年新站落成後停用，改建為香港鐵路博物館。
圖片來源：香港大學圖書館

六、大埔

歷史背景及區內教育

大埔古稱「大步」，有說「步」原為「埗」，指水邊地方和碼頭。清代中葉，大埔有碼頭建成，故名為「大埗」，其後光緒年間客家人遷入，漸改稱為客家人慣用的地名「大埔」。

約四千年前新石器時代晚期，大埔已有人類生活的痕跡。由五代十國的南漢至明代中葉，大步海（後稱大埔海，即今吐露港）為採珠重地。宋明兩代，中原氏族遷到新界居住，其間粉嶺龍躍頭鄧氏分遷到大埔頭開族，由敬羅公建村，而文氏亦在大埔定居發展。清初「遷海令」下，大埔居民，包括碗窰文、謝兩族均被迫遷走。復界後，不少來自廣東各地的客家人遷到大埔沿海定居，而粵東沿海漁民亦開始進入吐露港作業，漸漸形成操粵語和鶴佬話的漁民群體。

作為漁農鄉村，昔日大埔人口集中在大埔頭、泰亨、林村、碗窰各鄉，而適齡入學的兒童大多要幫忙務農、捕魚。直至清中葉，大埔鄉民才興辦學舍，如：大埔頭鄧氏於同治年間建立敬羅家塾，以及泰亨鄉文氏於道光年間建有藝浣堂。1899 年英國接管新界後，大埔成為港英政府管治新界的地區行政中心。1906 年，政府在大埔建立一所官立小學，命名為 Taipo Anglo-Chinese School，後稱 Taipo English School，提供中英文並用的三年教育，收生數十人。根據記錄，該校於 1939 年仍在營運，估計因為日本侵佔香港而停辦。

二十世紀上半葉，大埔教育建設有不少新發展。1926 年，政府設立大埔官立漢文師範學校，培育新界村校教學人才。此外，地區人士亦在墟內建立新式學校。1926 年，新界農工商業研究總會（新界鄉議局前身）創辦崇德學校，並成立啟智學校取代敬羅家塾等。日治時期，文教課批准

學校復課，在區內開辦私立新界大埔學校。戰後，隨着適齡學童人數增加，政府有計劃地發展鄉村教育，並於 1946 年成立大埔官立小學。戰後至 1960 年代，地方及宗教團體在大埔先後建立多所鄉村小學，包括：前身為藝浣堂的泰亨公立學校、三門仔漁民子弟學校、林村公立學校，以及佛教大光園成立的大光義學等。隨着鄉村人口變化，加上新市鎮發展，不少鄉村學校於 1980、1990 年代停辦，部分則遷往市區繼續辦學。千禧年後，教統局推出新政策，區內不少村校被迫結束，包括：六鄉新村、泮涌公立學校和大埔師範紀念學校等。昔日大埔鄉村學校數目眾多，現時只餘數所歷史悠久的學校，能在時間洪流中屹立不倒。

大埔市集面貌。攝於 1930 年代。
圖片來源：香港歷史博物館藏品，香港特別行政區政府准予複製

大埔廣福道的面貌。攝於 1960 年。
圖片來源:鄭寶鴻先生

大埔浸信會公立學校

　　大埔浸信會公立學校前身為大埔公立學校，創辦於 1946 年。由成立到營運，學校經歷不少波折。當年，由於為數不少的適齡兒童無書可讀，邱國忠、鄧普生、盧奕珊等鄉紳便組成「大埔青年會」，拍賣牛隻作為經費，加上籌募所得，成立夜校。學校最初租用仁興街九號二樓為校舍，開辦之初只有 20 名學生；其後學生日增，乃租用北盛街幾幢樓宇，並定名為「大埔公立學校」，之後再租用仁興街和人和里交界六間舖位作為副校。後來，獲教育司署批准，成為政府津貼學校。

　　據 1950 年代報章報道，大埔公立學校採用現代學制，教授算術、歷史、地理、自然衛生、美術、勞作等科目。勞作課還包括多種技藝，如：木工、金工、竹工、土工（陶藝）、女紅（針黹）等。收生方面，至 1950 年代末已逾 500 名，分上、下午校，共有 14 班。

　　1970 年代，政府將大埔發展成新市鎮。北盛街校舍被業主收回，學校於 1979 年至 1982 年間被迫停辦。大埔青年會為求復校，便籌組大埔公立學校有限公司，向政府申請在廣福邨開辦小學。1983 年，大埔公立學校在廣福邨內一所標準新校舍復課。至 1990 年代，學校上、下午校共有 25 班，逾 1,900 名學生。

　　踏入千禧年，大埔人口老化，生源減少，大埔浸信會於 2006 年 12 月接辦學校[6]，易名為「大埔浸信會公立學校」。大埔浸信會公立學校由創校時只有 6 班，發展到現在共有 20 多班，延續 76 年悠久的辦學歷史和抱負。

6　大埔浸信會於 1953 年由九龍城浸信會在大埔廣福道設立基址，開展福音事工。1958 年，位於安富道新堂址啟用，翌年開辦幼稚園。

（左起）鄧穎瑜女士、何惠玲女士、李子建教授、
林小康先生、林秋霞女士、蔡碧蕊校長。

受訪者 ▶ **何惠玲女士**，1977 年於大埔公立學校畢業，自
1993 年起在母校任教至今。

林小康先生，1999 年於大埔公立學校畢業，現
為註冊會計師，在大埔開設會計行。

林秋霞女士，2000 年於大埔公立學校畢業，現
為生命教育機構 Why Not Education 的創辦人及
課程總監。

訪問者 ▶ **李子建教授**

受訪片段

學生歲月

　　何惠玲女士 1960 年代出生於大埔，小時候輾轉在大埔南盛街、懷仁
街、陸鄉里居住，1970 年代入讀大埔公立學校。何女士憶述，當年校舍
為一些戰前落成，兩層高，有瓦片屋頂的唐樓，教室面積不大，教員室則
設在地下。由於一座校舍只可容納兩至三班，故小三在仁興街上課，而小
一至小二、小四至小六則分別在北盛街兩座不相連的唐樓。學校設上、下
午校，每級各一班，一班約有 30 至 40 人。在眾多科目中，何女士對尺牘
課印象深刻，因為可以讓她為父親寫家書，寄給鄉間的祖母和外祖母。無
獨有偶，前文中荃灣公立學校校友兼前副校長王玉玲女士，對尺牘課也有
相同的感受。

1985 年 6 月，港督尤德夫人在大埔政務專員陪同下訪問學校，並由校監與校長引領參觀下午校上課情況。
圖片來源：大埔浸信會公立學校

大埔公立學校位於廣福邨的標準新校舍。攝於 1983 年。
圖片來源：大埔浸信會公立學校

　　當年大埔公立學校設施未臻完善，資源亦非常有限。小息時，同學只能留在教室；如要外出走走，則可沿北盛街河邊步行至錦山村；村中有士多、粥店等商舖。為了學生安全，學校安排高年級學生擔任糾察，配備銀哨子在街角駐守。當有車輛經過，糾察便會吹哨子，提醒同學注意。

　　林小康先生和林秋霞女士則於 1990 年代在廣福邨新校舍上學。當時的課程已有很大改變，科目包括：中文、英文、數學、社會教育、科學、健康教育；還有圖畫、音樂、體育科等，足見學校重視學生的多元發展。不過，由於空間有限，同學需要到禮堂上音樂課。

學校旅行與校內校外的美食

　　何女士記得，1970 年代的學校旅行曾去過沙田萬佛寺、西林寺，以及 1977 年開幕的海洋公園，初嘗乘坐登山纜車的滋味。到了 1990 年代，林先生印象中，每年學校旅行地點總是沙田彭福公園。何女士補充，學校旅行亦會安排去西貢、馬鞍山、北區的郊野公園，還有元朗大棠。每級會到不同地方，而高年級還可在大棠燒烤。此外，學校也有舉辦畢業營。林

仁興街面貌，圖中有學生正走路上學。攝於 1961 年。
圖片來源：香港大學圖書館

女士記得，當年是在粉嶺浸會園宿營。

　　何女士小時候家境不太好，沒有太多餘錢買零食。放學後，她有時會和同學湊份，一人付一毫，買「孖條」雪條分享。那時街上常見到賣啄啄糖、雪糕的攤檔，又有涼茶店。她最喜歡的是菊花茶，尤其夏天，放入冰水櫃，冰鎮後一口喝下，萬分舒暢。隨着年代不同，小孩喜愛的小食亦有所轉變。至於林先生、林女士成長的 1990 年代，生活水平已相對改善不少。林先生放學時喜歡和同學到廣福街市的士多，購買「媽咪麵」，一人一半分享。他也喜歡吃車仔麵，價錢相宜卻能飽肚。至於學校小賣部諸多美食中，他最喜歡熱狗。林女士卻偏愛甜食，尤其是小賣部的「欣欣杯」——一種把朱古力醬沾在長條餅乾上的零食，市面現仍然有售。

學校的變化和發展

　　大埔公立學校新校舍於 1983 年啟用，多年來進行過不少改善工程，令校友這次重返感到很大變化。林先生提到，現在的設備更為完善，例如：新設了電梯、冷氣；而圖書館館藏亦變得豐富。以往較偏重文學書籍，現在卻包羅萬有。此外，雨天操場當年並沒有密封，不時會淌雨；如今已沒有這個煩惱。林女士則提到，學校建築的色調也大有不同，以往是黑、白、灰為主，現在卻變得色彩繽紛，觀感和氣氛迥然不同。目前，學校還提供平板電腦給同學作電子學習，反映時代急速的變化，以及教育科技的長足發展。

1983 至 1984 年度大埔公立學校第一屆畢業生與師長合照。
圖片來源：大埔浸信會公立學校

2006 年，大埔公立學校由大埔浸信會接辦，易名為大埔浸信會公立學校。
圖片來源：大埔浸信會公立學校

大埔舊墟公立學校

　　1960 年代，大埔舊墟、南坑、新圍仔三村村民多以務農及捕魚為業。當時舊墟並未設有學校，三村村民子弟每天要長途跋涉，前往現在稱為大埔墟的新墟上學。1962 年，舊墟鄉紳李炳貴先生向政府申請撥地辦學，獲理民府批出一幅近舊墟坳仔塚山的山坡地。可惜，該幅土地崎嶇，又是斜坡，開發工程費用龐大，無奈棄用。李先生再提議由天后宮捐出舊墟汀角路範圍內一幅土地，用作興建校舍，位置就在今日的大埔運動場。他聯同南坑村長邱瑞榮先生和新圍仔村長張庚勝先生籌辦學校，並自費前往英國向海外華僑募捐建校經費，加上來自三村鄉親的捐款，最終於1964 年成功開辦大埔舊墟公立學校。

　　初期校舍只是幾座金字瓦頂平房，共有五間教室，設備簡樸，開設一至五年級，共九班，教育家廖維康先生 [7] 受聘出任創校校長。其後，學校為取錄更多適齡學童，曾四度擴建校舍 [8]；到了 1970 年代末，共開設 18班，就讀學生逾 800 人。隨着人口增長，政府於 1979 年宣佈，將大埔發展成新市鎮。由於校址坐落發展範圍，加上教室不敷應用，而舊式平房校舍亦不合時宜，學校乃成立新校籌備委員會，並於 1983 年向教育司署申請搬遷學校，最後取得大埔安祥路十號現址，興建六層高新標準校舍。1986 年，學校正式遷往新址，分成上、下午校；至 1989 年已增至 52 班，學生逾 1,700 人。2002 年，下午校獲教育署安排，遷往位於寶湖道的新校舍，定名為「大埔舊墟公立學校（寶湖道）」。自此，上、下午校分別轉為兩所全日制學校，為學生提供更全面的小學教育。

7　廖維康先生（1911-2016）出身於上水廖氏，畢業自香港官立漢文師範學堂，一直從事教育工作。戰後曾擔任上水鳳溪小學校長，後創辦上水鳳溪中學並出任校長。

8　1967 年，學校加建 1 間教室，增至 13 班，翌年增至 14 班；1971 年，再加建 1 間教室，增至 15 班。1972 年，校監李炳貴先生赴英募捐擴建校舍經費，增至 16 班；1973 年，再增建特別教室及教室 1 間，增至 17 班。

（左起）張麗珠校長、陳志超先生、李子建教授、
林惠玲女士、羅錦全先生。

受訪者 ▶ **羅錦全先生**，1970 年代於大埔舊墟公立學校畢
業，曾任大埔舊墟公立學校家長教師會主席，
現任大埔舊墟公立學校校友會主席。

陳志超先生，1980 年代初於大埔舊墟公立學校
畢業，曾任大埔區議會委任議員，現任大埔舊
墟公立學校校董。

林惠玲女士，前大埔舊墟公立學校下午校校長
（1986 至 2002 年），大埔舊墟公立學校（寶湖
道）創校校長（2002 至 2011 年）、現任校董。

張麗珠女士，現任大埔舊墟公立學校校長。

訪問者 ▶ **李子建教授**

受訪片段

與學校的緣分

前校長林惠玲女士提到，她申請任教大埔舊墟公立學校純屬機緣巧
合。當時，她在陳志超先生的父親在大埔經營的酒樓飲茶，剛好看到學校
招聘教師的廣告，便寫信申請。當時創校的廖維康校長特別欣賞來自羅富
國教育學院的畢業生，以及有能力教授英文的老師，因而力邀她前來任教。

張麗珠校長亦是畢業後即獲大埔舊墟公立學校聘任。執教數月後，
學校推行雙科主任制，校長便邀請她擔任中文科科主任，並教授六年班，
由是開展教學生涯。

羅錦全先生在大埔土生土長，居住在南坑，1960 年代入讀大埔舊墟

1960 年代大埔舊墟全貌，白圈所示為汀角路舊校舍位置。
圖片來源：大埔舊墟公立學校

公立學校。而陳志超先生的家人亦有支持大埔舊墟公立學校的籌款，對大埔和學校均有深厚感情。

舊校舍的漂亮環境

　　大埔舊墟公立學校於 1964 年由三村鄉紳籌辦，舊校舍位於舊墟汀角路天后宮後面，即現時大埔游泳池、運動場附近。當時，那裡仍是一座山，要沿天后宮旁一條黃泥路才能走進學校。對於這條黃泥路，林女士印象特別深刻，因為她經常穿長衫、高跟鞋返校，下雨時會弄致滿腳泥濘，狼狽得很；不過，她又十分欣賞路旁那清新漂亮的田園景色。校舍是平房，有數間教室和一塊黃泥地操場，圍有鐵絲網，而四周盡是綠油油的菜田。羅先生憶起，當時讀過一首關於梧桐樹的詩，經老師提點，才知道校內種植的正是梧桐樹。

　　創校早期，大埔舊墟公立學校是附近一帶唯一不收取學費的學校，

　　因而大受歡迎，開校時生源已很足夠。羅先生還記得，當時是根據學生成績編班，首 40 名編入甲班，其餘依次編入各班，如此類推；甲班於上午校上學，乙班則在下午校。

難忘的學校旅行

　　大埔舊墟公立學校初時並沒有學校旅行，後來卻連宿營也有舉辦。在六年小學生涯中，羅先生只去過一次旅行，還是老師林女士的私下安排，目的地為城門水塘；回程時更要經大帽山腰步行回大埔。那是羅先生第一次到野外遠足，十分開心、興奮。

　　陳先生印象最深刻的旅行，則是在小五、小六時，到烏溪沙和永輝園宿營。他們在當年尚未填海的馬料水碼頭乘船，前往烏溪沙。對於帶領宿營的經歷，林女士亦記憶猶新。由於學校不曾辦過宿營，初期要做很多事前準備功夫。為了減少家長憂慮，她會致電所有家長，懇請他們同意讓

1964 年開學日，創校校監李炳貴先生（中間）、廖維康校長（左一）與眾校董合照。
圖片來源：大埔舊墟公立學校

1970 至 1980 年代，大埔舊墟公立學校於汀角路校舍舉行早會情況。
圖片來源：大埔舊墟公立學校

1986 年，大埔舊墟公立學校位於安祥路新校舍落成啟用。
圖片來源：大埔舊墟公立學校

子女參加。而帶領宿營的老師通常只有三、四名，人手不太充足；不過，看到學生玩得這樣開心，老師亦深感欣慰。

學校發展與校友網絡

多年來，曾有不少名人、政界及教育界領導，到訪大埔舊墟公立學校，包括：時任全國政協主席李瑞環先生、多元智能之父霍華德‧加德納教授（Professor Howard Gardner），以及國內不同省市、英國及新加坡的教育部部長及官員等。1990 年代，學校更成為全港發展資訊科技教育十所先導學校之一；1998 年，又參與香港躍進學校計劃，成為三所先導學校之一。林女士歸納並形容，學校具有創新和求進的特質。大埔舊墟公立學校至今已有 58 年悠久歷史，畢業生眾多，校友遍佈世界各地，包括：美國、丹麥、英國、荷蘭等國家。

② 白銀鄉私塾

② 大地塘村私塾

涌口村

② 洪聖古廟

梅窩渡輪碼頭

梅窩

銀鑛灣

喜靈洲

長洲

東灣

② → ②
鹿地塘村私塾 葵寮校舍

大嶼山

芝麻灣

Google Map

芝麻灣公眾碼頭

離島

長洲灣

① 東莞書室

① 惠潮書室

① 寶安書室

地圖僅供參考，未必符合比例

① 國民學校

② 梅窩學校

大澳、馬灣等地島民製作蝦醬、蝦膏出售。攝於 1956 年大澳。
圖片來源：香港文化博物館，獲香港文化博物館批准複製

七、離島

　　香港有逾 260 個大大小小的離島，部分是在 1898 年簽訂《展拓香港界址專條》時因被英國一併租借而納入香港境內[9]。當中以大嶼山的面積最大；青衣、馬灣、長洲、坪洲、南丫島等，亦有較具規模的社區；而大鴉洲、蒲台島等小島，則較少人居住。1920 年代開始，考古學家陸續在各離島發掘出不少古代文物和先民活動遺跡，印證了早於 6,000 年前的新石器時代，香港的離島已有人定居。

　　離島居民大多從事漁業，造船業、漁具業和食品加工業等亦應運而生；而部分居民以農耕畜牧為生。隨着香港輕工業發展，塑膠商、籐器商紛紛在離島設廠。本地工業逐漸式微後，各離島便轉而大力發展旅遊業，如：長洲太平清醮，每年吸引數以萬計旅客到訪；而大澳則以「東方威尼斯」的形象，成為旅遊熱點。

　　離島交通不便，僅可依賴水路運輸，而早期渡輪班次稀疏，島上兒童難以到島外上學，不少離島因而自設學校，供島民子弟就讀。初期，離島學校大多是島上鄉紳開辦的私塾；其後同鄉會、宗教團體、慈善機構等團體加入辦學，更有由魚類統營處興辦的漁民子弟學校，以及由漁民開設的長洲漁會公學等。隨着海上交通日益完善，島上學童到島外求學變得更為方便，加上島民搬離和出生率下降，適齡學童數目愈來愈少，導致不少離島學校面臨縮班或停辦的命運。近年的城市規劃發展，更令部分學校拆卸停辦，包括：淹沒在水塘下的石壁學校、因興建新機場而消失的赤鱲角公立學校等。儘管如此，部分偏遠或人口較少的離島，至今仍有學校繼續服務島上兒童，包括：位於貝澳的杯澳公立學校和坪洲的坪洲天主教聖家學校等，便利島民的子女上學。

9　根據《駱克先生香港殖民地展拓界址報告書》（1898 年），簽訂《展拓香港界址專條》時共有 33 個島嶼租借予英國。

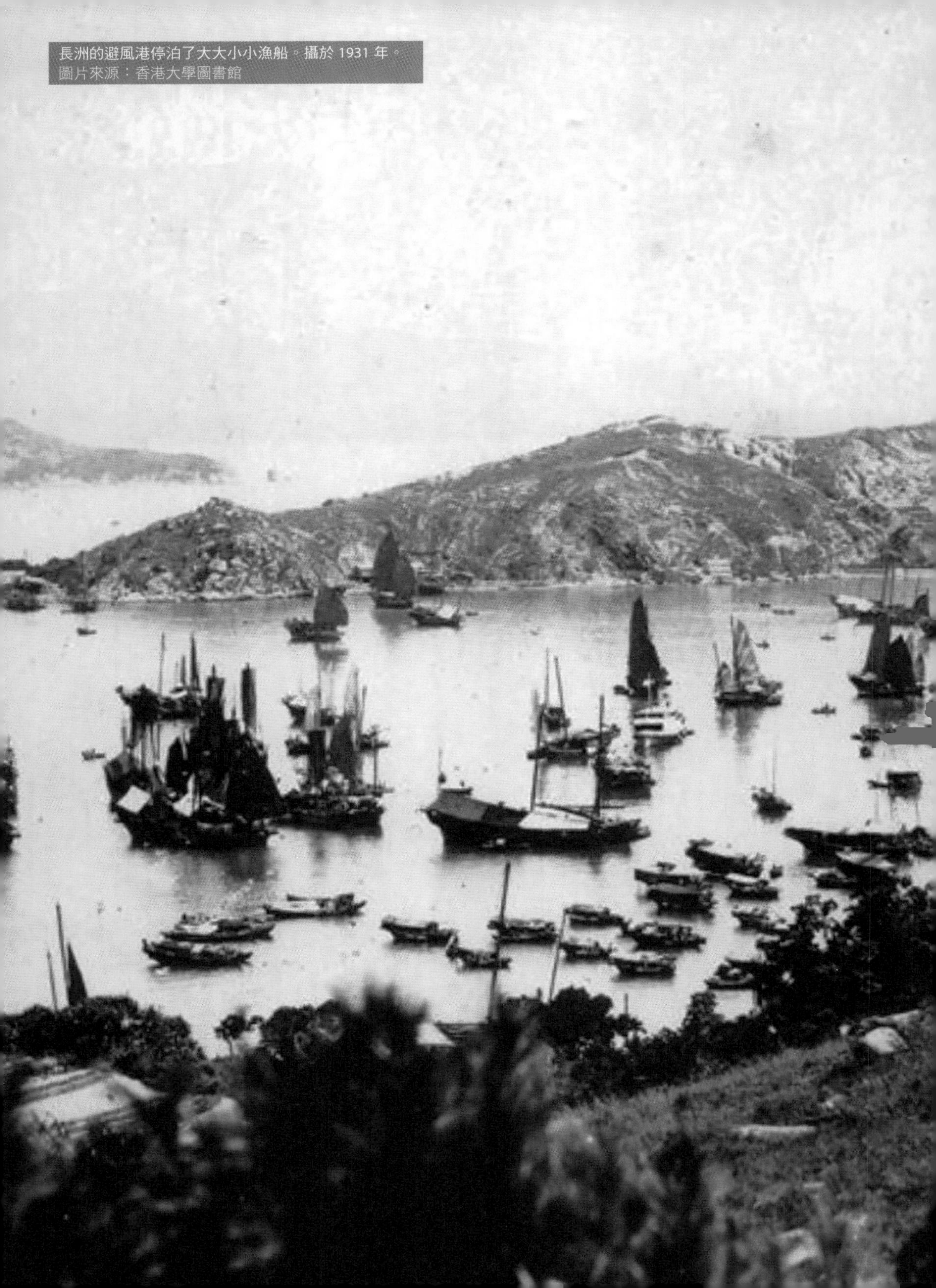

長洲的避風港停泊了大大小小漁船。攝於 1931 年。
圖片來源：香港大學圖書館

漁民將漁獲曬製成鹹魚。攝於 1920 年代長洲。
圖片來源：香港大學圖書館

長洲

　　長洲位於香港島西面，鄰近大嶼山南部，為連島沙洲。考古學家曾在此發現新石器時代晚期人類生活遺跡，證明當時長洲已有先民定居。宋代徐氏一族先到島上居住，其後羅氏、朱氏陸續遷至。由於地點適中，吸引周邊島嶼，如伶仃島、坪洲、南丫島的漁民，前來買賣交易，使長洲成為當時主要的漁船聚集地。據《新安縣志》記載，長洲在宋代至清初被稱為「大肚灣」，到清代才改稱「長洲二島」。十九世紀中葉，長洲已發展為墟市，最少有 200 家店舖在島上營業。

　　早年長洲的居民背景繁雜，既有蜑民泊岸聚居，亦有來自寶安、惠潮、東莞等地的移民，但大多以捕魚、農耕、商貿為生。隨着社會發展，島上也曾出現生產燈泡、手套等工廠。近數十年，長洲憑着其獨特的歷史文化背景與優美自然環境，逐漸發展為渡假勝地；而每年舉辦的太平清醮，更吸引成千上萬的旅客慕名到訪。

　　長洲的教育發展起步很早，遠較其他離島完善。1930 年代，島上已有一所長洲官立學校（現為長洲官立中學）和多所學校，包括：端儀女校、惠潮書室、錦江小學等，吸引長洲及附近島嶼的學童前來入讀。

國民學校

　　國民學校前身為島上三個同鄉組織開辦的私塾，於二戰後合併而成。創校歷史可追溯至 1899 年，迄今已逾 120 年。清初復界後，湧入長洲的外來移民，以祖籍惠潮、寶安和東莞為最多。他們各自設立同鄉組織，計為：惠潮府、寶安會所和東莞會所，一般合稱三邑會所。各會所為照顧子弟教育所需，分別成立私塾，是為：惠潮書室、寶安書室和東莞書室。

　　惠潮書室於 1902 年由惠潮府創立，位處鄰近市集一所民房。而寶安書室，據文獻記載，於 1930 年代改名為寶安公立學校。至於東莞書室，則為東莞會所於 1922 年在興隆街 100 號創立的學堂；起初設於會所內，其後因學生人數增加，遷至長洲內街的民居，並於 1930 年代改名為長洲東莞公立學校。

　　二次大戰爆發後，三所私塾相繼停辦，至重光翌年復課。在視學官尹耀聲建議下，將三所書室合併，另建新校，由三邑會所聯合主辦。三會鄉親各自籌組建校委員會，並積極籌款，新校終於 1948 年正式註冊成立，命名為「國民學校」。校歌歌詞中有：「為國柱石，為民前鋒」之句，反映了校名的寓意及對學生的期望。校址由黃維則堂捐贈，位於東灣海濱的兩幅地皮，亦為校舍現址。1950 年代更先後落成三座校舍，包括：東莞校舍、寶安校舍、惠潮書室，並後建黃玉芝紀念堂。校舍多年來不斷進行改善工程，配合學校發展，使國民學校成為融合現代與傳統建築的學校。

惠潮書室校舍舊貌。相片中的金字瓦頂現已改建為平房屋頂，
而門口對聯：「惠周澤遍，潮靜瀾安」，則仍保留至今。
圖片來源：國民學校

（左起）樊麗貞副校長、郭婉琪校長、李慶欣先生、
黃成就先生、李子建教授、鄭保瑛博士。

受訪者 ▶ **黃成就先生**，1960 年於國民學校畢業。為全港現今唯一懂得製作飄色「色梗」的打鐵師傅。

李慶欣先生，1961 年於國民學校畢業。曾於長實集團擔任中文秘書，現任國民學校校友會主席。

郭婉琪女士，1985 年於國民學校畢業。現任國民學校校長。

樊麗貞女士，1987 年於國民學校畢業。現任國民學校副校長。

訪問者 ▶ **李子建教授**

受訪片段

書塾時期

　　黃成就先生出生於 1945 年，六、七歲時在東莞書室上支支齋。他憶述當時的入學儀式十分隆重，尤其拜神儀式，要拿着一個籐篋（書包）和蔥參拜，並會得到長輩紅包一封。書室的學習內容主要為傳統啟蒙作品，包括：《上大人》、《神童詩》等，亦有習字、尺牘和珠算等課程，教授毛筆書法、書信格式和算盤運用。黃先生後來轉到長洲女校升學，但由於該校只設一至四年級，1950 年代再轉到國民學校。黃先生記得，當時一年級共有五班，而五、六年級共有四班，分上、下午班上學，每班大約 40 至 45 人。那年代入讀國民學校需要繳交學費，大約每月四、五元。李慶欣先生補充說，當時物價，一角錢已可吃一份早餐。因此，黃先生要到祖父的打鐵店打工，半工讀來幫補家計。

寶安學校校舍舊貌，現已拆卸重建為新翼校舍。
圖片來源：國民學校

黃玉芝紀念堂（左方）及東莞學校校舍（右方）舊貌。
圖片來源：國民學校

成立之初與校名由來

　　受戰後嬰兒潮影響，香港適齡學童大增，當年長洲島上因而亦有七、八所學校，如：銀星小學、慈光小學等，為島民提供基礎教育，三邑會所亦在 1940 年代後期合辦國民學校。郭婉琪校長曾與辦學團體研究校名由來，原來是來自三邑會所的辦學理念：希望為國家和人民服務，為下一代提供良好教育，因而命名為國民學校。現在國民學校學生大部分為長洲居民，只有小部分來自鄰近的大嶼山。

　　到了 1980 年代，國民學校已成為地區名校，報讀人數眾多。郭婉琪校長三姊弟均是國民學校畢業生。她仍記得，以前國民學校與長洲其他學校同樣實行半日制，分上、下午校，各級有三至四班，每班約 30 至 40 人，合共逾千人。每逢上、下午校同學一起參加活動，場面便十分熱鬧。

漁民子弟的求學生活

　　國民學校不少學生是漁民子弟。黃先生提到，以前他家人與漁民做生意，漁民因出海工作要一段時間才回來，常會請求黃先生家人收留小孩，照顧他們上學；出海歸來後，便以漁獲為報。郭校長也轉述前輩所談，以前的漁民學生為了幫助家人出海捕魚，會突然缺課數天甚至十數天。如果學生很久沒有回校，老師便會親自到船上尋人。可惜，有些學生因岸上沒人照料，需要跟隨父母一同出海，最終被迫退學。

小島學校旅行記

　　國民學校的學校旅行，地點多會選擇鄰近的島嶼，熱門目的地為大嶼山的梅窩。樊副校長還記得，學校會租用一艘中式遊艇接載同學。說起梅窩旅行，李先生和黃先生印象非常深刻。同學會先帶上麵包，到銀鑛灣沙灘聚餐，再去銀鑛洞探秘。郭校長解釋，當年學校選擇到大嶼山旅行，是考慮到長洲的小孩子不習慣乘坐巴士，容易暈車，才安排以坐船為主的旅程。

〈長洲校際運動會定下月舉行決賽〉，
《華僑日報》剪報，1954 年 2 月 23
日。

國民學校課外活動設有園藝組，由學生悉心照料校內植物。
圖片來源：國民學校

體育訓練

　　國民學校位處小島，四面環海，島上學童都活力十足，運動成績素來不俗，更曾培育出香港首位奧運金牌得主李麗珊女士。李先生縷述以往國民學校參加長洲校際運動會的經歷，島外的學校亦會應邀參加接力賽和邀請賽。郭校長更表示，目前學界體育會的長洲分區，除了長洲，還包括坪洲和南丫島。可以說，長洲分區的校際運動會本身就是個跨島運動會。

國民學校與長洲傳統節慶

　　國民學校一向積極參與島上節慶，也有不少學生自小學習國術，因而經常參與長洲神誕的舞獅助興。至於長洲每年最重要的太平清醮，國民學校亦有很多學生參與其中，主要獲居住地點的街坊挑選去參加飄色或巡遊。郭校長笑說，小時候未有機會成為色芯，只負責舉旗，卻已能賺取五至十元作零用錢。國民學校更將太平清醮翌日定為假期，好讓參加活動的同學稍作休息。

梅窩漁民本在岸邊搭建棚屋居住。1980 年代棚屋拆卸後，
建成銀灣邨，安置原區居民。攝於 1960 至 1970 年代。
圖片來源：梅窩學校

梅窩

　　大嶼山梅窩古稱「梅窠」及「梅蔚」，是個四面環山的山谷，地形像
梅花的五瓣，中部有蝴蝶山構成窩形，因而得名。早於南宋時期，梅窩
已有人聚居並建立三條鄉，鄉民以製鹽、耕種及捕魚為生。清同治元年
（1862 年），白銀鄉開始探挖銀鑛，後來轉由一間日本公司開採，沙灘亦
因而得名為銀鑛灣。十年後，銀鑛因為質素欠佳而停止開採，銀鑛洞由是
荒廢，遺址至今成為可供遊客參觀的景點。

梅窩學校

　　二十世紀初，梅窩涌口外來人口逐漸增加。1931 年，在村民建議下三鄉的私塾，即：鹿地塘村私塾 [10]、白銀鄉私塾 [11]、大地塘村私塾 [12]，決定聯合辦學，還在鹿地塘村洪聖古廟旁，搭建臨時校舍。這所村民口中的「葵寮校舍」，當時只有十多名學生和一名教師。1937 年，校舍為颱風所毀，鹿地塘村、大地塘村、白銀鄉，以及涌口的村長便一起商議建校，組成校董會，向政府申請撥地及教育經費資助，並於 1939 年創辦梅窩學校。1941 年，香港淪陷，建校工程一度暫停，卻仍維持教學。

　　重光之後，政府見梅窩的教育滯後，便批出鹿地塘村和大地塘村之間一塊土地，作為校址，更資助建校一半開支，而另一半則由村民集資。1946 年，梅窩學校校舍建成，僅設一間教室。翌年，學校遷進新校舍正式上課，並向教育署註冊登記。班級由小一至小五，採複式教學，即五級學生在同一教室內上課。學生入學時，仍要拜孔子像。後來，由於以木板建成的校舍有倒塌危險，加上石壁水塘動工使梅窩人口漸增，校方乃加建一座新校舍，並於 1959 年落成啟用。1960 年，梅窩學校終於改為單式教學。1970 年代，梅窩人口劇增，適齡學童逾千人，學校乃改以上、下午校形式運作，應付龐大需求。經歷多次遷校及擴建工程，梅窩學校一度成為大嶼山設備最完善的學校。創校至今逾八十載，仍為梅窩居民繼續服務。

10　鹿地塘村私塾在明末年間由甘氏家族在祠堂設學堂，供族內子弟就學，後來至 1900 年，隨林、黃、溫、曾等姓遷入，入學人數急增，故聘請老師。

11　白銀鄉私塾在清道光年間假鄉內文武廟授課，在 1900 年聘請老師，並將文武廟內其中一面房間改造為課室。

12　大地塘村私塾相較另外兩所私塾比較後期開辦，設在黃氏祖屋內，位置在今日的北帝宮。

（左起）鄧穎瑜女士、袁哲之先生、李子建教授、佘基本先生、郭敏麗校長。

受訪者 ▶ **袁哲之先生**，1957 年入讀梅窩學校。曾任三屆離島區議員，現任梅窩學校校監和校管會主席、涌口（南）村長。

佘基本先生，1965 年於梅窩學校畢業。前佛教筏可紀念中學校長，現任梅窩學校校董及校友會主席。

郭敏麗女士，現任梅窩學校校長。

訪問者 ▶ **李子建教授**

受訪片段

上世紀梅窩的漁農產業及鄉村的轉型

　　梅窩居民以往多為農民和漁民，亦有小部分從商，以經營雜貨舖或糧食店為主。袁哲之先生祖父袁華照先生曾是國民黨軍隊的團長，1939 年從廣州增城撤退，帶領士兵到香港，最後落戶梅窩，從此務農維生。當時馬蹄和蔗糖是重要的出口農產品，所以他們曾種植白蔗數年，並以袁氏大屋作為蔗寮，煮製蔗糖；後來隨着社會轉變，才改種茨菰、蓮藕和蕃薯等。由於梅窩土地肥沃，出產的農作物品質上佳，他們常在每年的農產品展覽會上獲獎。農業式微後，他們被迫轉業，不少人更走到香港市區謀生。1960 及 1970 年代，香港正值工業發展時期，生活相對安穩，但消閒娛樂選擇不多，到離島海浴便成為假日熱門節目。每個週末最少有二、三千人到銀鑛灣游泳，當地泳棚生意極為興旺。

　　袁先生一家向以養豬、耕種為主，並於 1970 年代開始養蝦。後來，

清道光年間，白銀鄉私塾假鄉內文武廟授課。1900 年聘請老師，並將廟內一個房間改為教室。攝於 1964 年。
圖片來源：香港大學圖書館

中國內地進行改革開放，很多蝦場和魚場都搬到內地，袁家蝦場只經營了大約三年便結束，轉而開設「大利雜貨店」，一直經營至 1990 年代。

　　目前，梅窩和貝澳有不少流浪牛隻。袁先生指出，以往農民大多用黃牛耕田，他們卻用水牛，因為耕的是水田，而只有水牛才有足夠力氣耕犁水田。農場結業後，袁家將水牛賣給貝澳姓曹的屠夫；後來政府不再批准屠宰牛隻，餘下的水牛只得流落貝澳，繁衍至今。

五六十年代的學習生涯

　　袁先生於 1950 至 1960 年代在梅窩學校就讀。當時梅窩仍是農業社會，學生多為農家子弟，重視傳統習俗。他記得，學生入學時均要拜孔子、行開筆禮。拜孔子前，要先到茶居買兩個包，再回校進行儀式及開筆。儀式通常由創校老師鄧伯泰主持。不過，袁先生表示，他應是梅窩學校最後一屆拜孔子、行開筆禮的學生了。

　　佘先生憶述，鮑炳麟校長當年本可當上視學官，卻選擇接受前校監

梅窩學校第二期擴建校舍工程落成典禮。攝於 1967 年。
圖片來源：梅窩學校

梅窩學校曾借用中華基督教教會梅窩堂
作為一年臨時校舍。攝於 1955 年。
圖片來源：香港大學圖書館

楊永麻的邀請，遠赴梅窩學校任教。佘先生又談到，當時無心上英文課；反而在林簿光老師指導下，在校園學習種植生菜、花卉。儘管只是兩塊小小菜田，卻很有成就感，更埋下了他日後鍾愛數理科的種子。郭敏麗校長亦補充說，學校現在也有種植活動，疫情前逢星期三分組進行，期望疫情過後可以恢復。

學校旅行和體育活動

袁先生年輕時是位運動健將，曾獲 1968 年學界 400 米及 800 米賽跑冠軍。他亦是南華會成員，每年錦標賽也曾贏過獎牌。他將這些運動經驗，以及在市區上學的經歷，帶回梅窩，舉辦各種活動，更成立梅窩拯溺會，從不同方面鼓勵當地學生。在他帶領下，梅窩學校創出背越式跳高 1.7 米的小學學界記錄；他更曾於 1980 年代帶隊遠赴台灣，參加國際龍舟賽，並三度奪冠。

佘先生記得，當年學校旅行通常會到兵頭花園和大會堂。此外，他也有參加童軍大露營，以及由師兄袁先生創立的梅窩拯溺會。佘先生深深

感受到，雖然梅窩學校當時的學術水平可能不算高，卻培養了學生的人際關係、與周圍環境的關係，以及生存能力，實在更難能可貴。郭校長補充指，現時梅窩學校的課程設計和學術水平跟市區學校並無二致，惟仍保留重視培育學生人際關係與處世態度的優良傳統。

梅窩學校曾設有不同遊樂設施，供學生小息時玩耍。攝於 1960 年。
圖片來源：梅窩學校

梅窩學校童軍在銀鑛灣沙灘進行拯溺訓練。攝於 1960 年代。
圖片來源：梅窩學校

上世紀梅窩農業興盛，開墾許多田地耕植。照片中間的建築為袁氏大屋。攝於 1960 至 1970 年代。
圖片來源：梅窩學校

第三章

新界和
離島學校與
傳統節慶

編著者 ⫶⫶⫶
鄧穎瑜、黃詠筠、陳君堯、李子建

　　新界和離島有眾多歷史悠久的學校，與社區一起成長、見證、參與及推動區內教育發展。在承傳香港非物質文化遺產方面，尤其傳統節慶，學校更是貢獻良多。不少由新界氏族、同鄉會開辦的學校，將學校教育與傳統節慶互相結合，支持文化傳承的同時，更讓學生藉着參與活動，了解和感受傳統習俗的氛圍，體會其中的歷史內涵。在本書第二章，李子建教授與新界和離島學校師長和校友的訪談中，已略有提及；這一章內，李教授與各受訪者的交流，會繼續探討這個話題，讓大家可以深入了解，各校與社區在傳統節慶方面的聯結互動。

一、學校假期與節慶

　　為了讓學生參與節慶活動，分享傳統節日的喜悅，一些學校會特地將節慶日子訂為學校假期。大埔舊墟天后誕於每年農曆三月二十三日舉行，鄉民舉行慶典，祈望天后庇佑水陸平安、風調雨順。大埔舊墟公立學校校友羅錦全先生記得，當年每逢天后誕，學校都會放假四、五天。前任校長林惠玲女士補充說，由於學校位處天后宮附近，賀誕儀式及神功戲表演，聲響大，影響教學，學校只好放假數天。當然，最高興的還是學生，因為放假之餘，還可欣賞神功戲，亦可在戲棚旁的攤檔買小吃，盡情享受熱鬧的節日氣氛。

　　位於北區的金錢村何東學校同樣制定節慶假期，如：上章提及的「大王福德寶誕」。每年大王福德寶誕的正日為農曆正月二十日；而在主要祭祀儀式前，還會為村內新生男丁舉行「開燈」儀式。寶誕主要祭祀儀式包括：兩天的「調朝」儀式、三天的粵劇神功戲、搶花炮和盆菜宴。學校將寶誕正日訂為假期，讓全校師生均能參與金錢村一年中最熱鬧隆重的日子。校友陳朝基先生憶述，過去他和高年級同學亦會參加寶誕。他最雀躍的環節是搶花炮，更曾追着射出的花炮奔跑。

上水金錢村大王福德寶誕期間，村中父老和男
丁齊集祠堂，舉行賀誕儀式。
圖片來源：非物質文化遺產辦事處

大埔舊墟天后誕期間，信眾在區內巡遊，並舞獅助興。攝於 1985 年。
圖片來源：施天賜教授

大埔舊墟天后誕期間，廟前立有花牌裝飾，
並有不少攤檔擺賣。攝於 1985 年。
圖片來源：施天賜教授

二、借用校舍舉辦活動

　　許多新界和離島的學校坐落在社區與鄉村內，而學校與社區相互支持，關係密不可分。學校樂意開放資源，與社區共享，例如在一些傳統節慶，學校一直以來會借出校舍作為場地。

　　由元朗新田文氏創辦的惇裕學校，球場是由文氏村民一手一腳鋪設而成。因此，學校為了回饋村民，也樂意借出球場，供村民舉辦節慶。文氏有很多傳統節慶習俗，其中一項盛事為農曆十二月舉行的「打醮」（即舉辦醮會），每三年一次。每次文氏醮會均會在惇裕學校球場舉行，以往會有燃放煙花、搶花炮、上演神功戲等環節，非常熱鬧。可惜，近年因安全和經濟理由，醮會規模已大大減縮。

　　長洲國民學校同樣會為節慶借出校園設施。每年正月十五元宵節，國民學校的三個辦學團體會舉辦敬老及新春燈酌，以聯誼島上街坊與鄉眾，並藉投燈活動籌募經費。郭婉琪校長提到，惠潮府早年會借用惠潮書室校舍一間教室佈置為燈棚，迎請北帝和北社天后神位到來，供街坊參拜，而學生則在其他教室如常上課。近年，為考慮學生健康，燈棚已遷到碼頭附近。校友黃成就先生亦記得，東莞會所也曾在元宵節時，假東莞學校校舍擺設燈酒宴。

　　不少新界氏族會舉行點燈儀式及「飲燈酒」。錦田鄉事委員會文化小組特別為編著團隊介紹錦田鄧氏的點燈儀式。鄧氏族人藉着點燈，不僅祈願族中添丁繼後，更象徵肩負教育子孫學養、修身齊家的責任。錦田公立蒙養學校為錦田鄧氏所建，前身為私塾，正是設於舉行點燈儀式的祠堂光裕堂內。

錦田鄧氏點燈

（左起）鄧有光先生、鄧浩然先生、鄧穎瑜女士、
李子建教授、鄧達兼先生、鄧賀年先生、
鄧偉添先生。

受訪者 ▶　**鄧賀年先生**，錦田鄉事委員會主席。
　　　　　鄧滿堂先生，錦田鄉事委員會文化小組成員。
　　　　　鄧達兼先生，錦田鄉事委員會文化小組成員，水尾村村長。
　　　　　鄧有光先生，錦田鄉事委員會文化小組成員。
　　　　　鄧浩然先生，錦田鄉事委員會文化小組成員。
　　　　　鄧偉添先生，錦田鄉事委員會文化小組成員。

訪問者 ▶　**李子建教授**

受訪片段

　　每年踏入農曆正月，新界各處鄉村洋溢喜慶氣氛，加上種種傳統慶祝活動，熱鬧非常。「點燈」正是新界其中一項極為重要的傳統習俗，不少村落仍保留至今。

　　甚麼是「點燈」呢？在圍頭話中，「燈」是「丁」的諧音，因此「點燈」有「添丁」的意思，是向祖先稟告宗族後裔的繁衍。其中錦田鄧氏舉行的點燈儀式，因氏族龐大，參與人數眾多，更與洪聖誕同日舉行，故而別樹一幟。錦田鄧氏的點燈儀式不僅祈求吉利，還將新生男丁寫入「新丁冊」上，而只有寫入冊內的男丁才能參與氏族事務和享受相關權益。錦田

鄧氏更曾設有「鄧燈花會」，花會持有的田產收入會撥作點燈儀式之用，可見鄧氏對點燈的重視。

錦田鄧氏掌故

根據鄧氏族譜與各族文獻，歷史學者普遍認同，新界地區現存的氏族，最早於北宋時期已遷至香港。錦田鄧氏一脈於公元 973 年，從江西省吉安府吉水縣白沙村，經過陽春和東莞，最後選擇了當時稱為岑田的錦田定居，並在此開枝散葉。當中亦有子弟移居東莞，或遷到新界其他地區發展。此外，鄧氏更貴為「皇姑子孫」。相傳南宋初年，金兵入侵，鄧氏七世祖鄧元亮在戰亂中拯救了一名趙姓孤女，並將她許配給兒子鄧惟汲。及至宋光宗在位年間，才知道孤女原是宋高宗女兒，並得宋光宗以「皇姑」相稱，鄧惟汲也因而獲追封為「稅院郡馬」。

鄧氏族人於錦田水頭村茂荊堂內分食喜主預備的燈粥和攢盒。攝於 1984 年。
圖片來源：田仲一成教授

錦田鄧氏點燈儀式的三大部分

據鄧浩然先生介紹，錦田鄧氏的點燈儀式規模非常龐大，共有三個部分，分別在祖堂、居住地，以及會份三類地點舉行。添丁的家庭（俗稱「喜主」）根據所屬血緣和居住地方，有資格參加不同部分的點燈儀式，有些喜主因而可以多次點燈。

錦田鄧氏三部分點燈儀式		
祖堂點燈	居住地大眾點燈	會份點燈
清樂祖堂　　泉菴祖堂	泰康圍大眾	水頭燈花會
南溪祖堂　　國賢祖堂	吉慶圍大眾	
廣瑜祖堂　　達邦祖堂	水尾村大眾	
錦田祖堂　　耕心祖堂	高埔村大眾	

祖堂點燈，是指喜主家庭前往家族所屬的直系祖先祠堂內點燈，這在點燈儀式三大部分中最為重要，因為每位男丁只能依其血緣參與所屬祖堂點燈。而只有登記在祖堂新丁冊上的男丁，才會獲族人承認為該祖堂子孫，可以享有祖堂分派的權益和參與祖堂事務。清樂祖堂、南溪祖堂、廣瑜祖堂為錦田鄧氏三大宗祠，每名新丁會到其中一所祖堂點燈。只要把三大宗祠的新丁冊總匯後，便可得悉整個錦田鄧氏歷年男丁數目。鄧偉添先生更表示，一些已移居海外的鄧氏族人在男丁出生後，也會特意回來參與點燈儀式；即使不能回港，也會拜託族內親友作代表。

居住地大眾點燈與祖堂點燈不同，儀式不會在祠堂舉行。因為鄧氏歷史中，部分來自不同祖堂的族人曾共同建立新村落，形成一村之中有多房子孫。因此，這部分的點燈儀式只會在村內重要的宗教場所舉行。

至於會份點燈，則只有水頭燈花會一例，在洪聖宮舉行。與居住地大眾點燈的成因近似，水頭村是由不同祖堂的鄧氏子孫共同建立。由於水頭村村民曾一起集資購買田產，村內的共同財產是以股份形式由村民持有。

錦田鄧氏點燈儀式的流程

　　錦田鄧氏各祖堂、居住地和會份點燈儀式，無論開燈日期和地點、儀式流程和要求、費用負責人等方面，均不盡相同。概括而言，除了廣瑜祖堂的開燈儀式定於農曆正月十五日外，其他開燈儀式均訂於正月十五日前某一吉日，而圓燈儀式則同在正月十六日。喜主須從開燈那天開始，直至圓燈之前，早、晚到拜祭地點上香。就祖堂點燈而言，大部分是回到各房祖堂上香；惟錦田祖堂則有點不同，喜主要到水頭村的社壇 [1] 上香。而居住地大眾點燈的上香地點則較多，如：圍村內的神廳、圍門和社壇。不過，水尾村大眾上香卻不是到神廳，而是到天后宮；至於泰康圍的大眾點燈，則在井頭上香。鄧賀年先生指出，每次上香後，喜主會在村中打鑼巡遊，告知村民家中添有新丁，並將為他點燈。鄧浩然亦提到，打鑼的節奏很特別；據說是有「興丁」之意，盼求帶來更多男丁。

　　從開燈直到正月十五，村內還會舉行各種儀式，包括：禮神、點燈和上名。每名參與祭祀的喜主會帶同三種基本祭品：俗稱「紅丸」的湯丸、煎堆和水果，還會為每名新丁準備一個燈盞，在大花燈內依新丁輩份放入長幼順序的燈芯碟，再將大花燈掛在祠堂或神廳內。

　　「上名」是指將新生男丁加入新丁冊，之後便是點燈儀式最喜慶的部分，由各戶喜主家庭自備燈粥，擺放在宗祠內，招呼親友。清樂祖堂的燈粥宴比較別出心裁，除燈粥外，每名喜主的家庭還準備了一個代表十全十美的長方形攢盒，盒內分 12 格，盛載不同菜式，寓意全年豐足美滿。水尾村和高埔村村民在大眾點燈儀式後，也會有食燈酒和盆菜。

　　到了正月十六，所有點燈儀式會進入圓燈環節。大花燈會被取下火化，代表點燈儀式至此正式結束。

1　社壇是修築在中國傳統村落村口的小型祭祀建築，以保護村落，免受邪崇入侵。錦田鄧氏的社壇以大石代表社公，即土地公。

喜主的一家會預備攢盒盛載配菜。
圖片來源：錦田鄉事委員會

點燈儀式中，祠堂或神廳內懸掛的大花燈。底部掛有象徵吉祥多子多孫的芋仔。
圖片來源：錦田鄉事委員會

鄧氏村落內其中一個社壇。喜主從開燈那天開始，一直到圓燈前，早、晚要到各祭拜場所上香。
圖片來源：錦田鄉事委員會

點燈儀式中的燈盞，包括：兩個疊起並裝有燈油的油碟，以及用兩個銅錢串起的兩條燈芯。
圖片來源：錦田鄉事委員會

點燈儀式近年的轉變

　　面對時代變遷，承傳多個世紀的
鄧氏點燈儀式，亦作出相應改變。例
如：基於安全考慮，懸掛祠堂或神廳
中的大花燈，燈盞由以往多層擺放，
改為單層擺放。由於單層位置有限，
有時候只會放滿一層 12 盞燈盞，代
表全年四季均有男丁出生。

　　此外，為求吉祥如意，好事成
雙，以往祖堂和居住地點燈儀式，需
要該年有兩名或四名以上新丁才會舉

大花燈內原放有多層燈盞，近年則改為較
安全的單層結構。
圖片來源：錦田鄉事委員會

行。不過，隨着近年出生人口減少，一些祖堂修改祖例，規定只需有一名
新丁也會舉行儀式。受訪者分享道，以往只有鄧氏族人才能參與燈粥宴；
時至今天，喜主可以邀請其他朋友參加。由此可見，圍村文化已變得更為
開放，讓更多人可以體驗傳統習俗。

點燈儀式與新界教育

　　鄧氏點燈儀式彰顯對每一名新丁的重視，村民也會為他們送上祝
福，而全族更願意投放眾多資源，培養族中子弟。早於十二世紀初，鄧氏
先祖已在新界設立全港有記錄以來第一所書院——力瀛書院，讓族中子
弟接受教育。其後，無論是祠堂內開辦的識字班，或是其後建立的私塾、
書室、學校，包括二十世紀中成立的錦田公立蒙養學校，均見證了鄧氏對
新界教育發展的重大貢獻，也反映新界教育不斷與時並進。

三、師生參與節慶儀式

　　學生的親身參與原是教育重要一環。師生參與社區節慶，不單為同學帶來不一樣的節日體驗，亦讓傳統文化變得更為親切、真實。

　　大埔舊墟公立學校把大埔舊墟天后誕前後數天訂為學校假期，而老師和學生更會參與其中。前任校長林惠玲女士解釋，由於辦學團體的主席暨前校監李炳貴先生亦是舊墟的村代表，而學校舊址也是由舊墟天后宮撥出，因此學校每年都會積極協助舉辦天后誕慶祝活動。林校長剛到校任職時便曾擔任天后誕的司儀，而歷任校長，包括現任張麗珠校長均出任舊墟天后誕籌備委員會成員。從鄉村學校年代開始，天后宮進行活動或巡遊時，學校會派出幼童軍、小女童軍，在場協助維持秩序。

　　長洲太平清醮傳承逾百年，於每年農曆四月上旬舉行，為期三天，藉着祭大幽、搶包山、會景巡遊等儀式，祈福消災，安撫亡魂，保佑全島平安，而長洲國民學校的學生亦會參加。國民學校課外活動極為多元化：

大埔舊墟公立學校童軍在大埔節慶中當值，協助維持秩序。攝於 1975 年。
圖片來源：大埔舊墟公立學校

惇裕學校學生參與文氏青山省墓。
圖片來源：惇裕學校

大埔舊墟公立學校幼童軍在大埔舊墟天
后誕中協助維持秩序。攝於 2009 年。
圖片來源：大埔舊墟公立學校

國術方面有國術龍獅隊和舞麒麟隊，音樂方面則有中國鼓隊及中樂團，以培育學生認識及體驗中國傳統文化。各隊成員，加上舞蹈隊同學，均會參與太平清醮會景巡遊表演，讓同學發揮所長之餘，亦能深入體驗社區傳統節日。

　　為了讓子弟不忘祖訓，並學習慎終追遠的傳統美德，新界不少由氏族開辦的學校均會鼓勵，甚至要求，同族學生參加族中節慶，以及奉行傳統習俗。位於元朗新田、由文氏所創立的惇裕學校，正是其中之一。每年的文氏青山省墓為惇裕學校的重要活動。校監文祿星先生稱，過去學校大約八成半學生為文氏族人，所以每年參與省墓的人數眾多。祭祖時，老師學生一起敲鼓奏樂，巡遊新田各圍村，然後到洲頭村與另一所文氏小學的師生一起參與祭祖儀式。結束時，每名學生會獲派一張價值五元的小票，用來換取零食或文具等，以示鼓勵。

　　參與廖氏傳統儀式也是鳳溪小學畢業生的共同回憶。上水鄉廖氏族人在創立鳳溪學校的同時，也希望藉着學生的參與體驗，讓氏族的文化習俗得以承傳下去。校友廖子良先生憶述，當年參加祭祀儀式時，眾人由上水圍出發，步行到廖氏祖墳。雖然學生不用擔抬那些沉甸甸的祭具和祭品，仍要徒步參加兩天儀式，對小學生來說，還是頗為辛苦的。

上水廖氏秋祭

（左起）鄧穎瑜女士及廖家樂先生。

受訪者 ▶ **廖家樂先生**，上水廖氏秋祭主任委員。

訪問者 ▶ **鄧穎瑜女士**

受訪片段

上水廖氏歷史

　　根據上水鄉廖氏族譜，廖氏早於元朝末年輾轉南遷，來到香港。先祖仲傑公，原先落腳於屯門青山一帶，經多番考量不同環境因素後，最後定居於上水雙魚河附近；自此開枝散葉，分枝成為現在廖氏「三房四斗」各系，散居於上水一帶。十六世紀明朝末年，在廖氏七世祖倡議下，眾人決定擇地聚居，最後建成圍內村。隨着圍內村人口日增，土地建設擴展，進而成為今天的上水圍。廖氏族人重視教育，子弟成績卓越，屢次中舉。1751 年，廖氏按《大清律例》興建宗祠「廖萬石堂」。宗祠屬傳統三間三進兩院式建築，為廖氏安放祖先牌位、議事仲裁、舉辦節慶與祭祀的重要場地。

秋祭儀式背景

　　上水廖氏重視家規禮儀，每年都會舉行春秋二祭，以表孝道，慎終追遠。其中秋祭儀式於每年農曆九月初九至十一舉行；目的在於緬懷先祖，祈願祖先庇佑，慶祝秋收，並團結宗族成員，加強族人凝聚力和身份認同。秋祭儀式首兩天的流程大致相同，只是祭祀對象和地點並不一樣。九月初九，廖氏族人先到開基祖仲傑公位於上水金錢村鰲地的墓地拜祭，九月初十再到二世祖自玉公位於粉嶺和合石畫眉山虎地的墓地拜祭。九月十一日，族人便分別回到各房祖先祠中拜祭，規模相對較小。

秋祭儀式的祭品

　　上水廖氏秋祭儀式極為盛大，參與者眾多，而祭祀所用器具祭品亦非常講究，並充滿獨特涵意。除了鮮花、酒、茶、白飯、燒豬等常見的掃墓祭品外，廖氏族人還會預備「五生五熟」。五生五熟是指：生熟各半的豬肉、雞肉和內臟。雖然過去也曾採用其他牲畜作祭品，近年基本使用豬和雞。至於「五」這個數字，在中國文化中亦別具意義，尤其農耕社會。「五行」影響農民耕作方式，而五生五熟正蘊含五行的意思，更代表五穀豐登。而生熟祭品的造型亦有其寓意，如：切成方形的肥豬肉，象徵豐厚肥沃的土地；拼湊成老鼠模樣的豬肚，則寓意盛大豐收引來老鼠。祭品蘊藏氏族過去以農為業的背景色彩，亦表達在祖先蔭庇下，對氏族發展興盛繁衍的感恩與祝願。

秋祭儀式流程

　　秋祭儀式開始前，廖氏族人會將預先準備好的祭品，從上水鄉鄉公所運到墓地。過去由於祭品要靠人力，經過長途跋涉擔抬到現場，因而每次秋祭過程絕不輕鬆。上水廖氏秋祭儀式會邀請由廖氏創辦慈善法團屬下的學校和機構參與，例如：鳳溪第一中學、鳳溪第一小學、鳳溪幼稚園等。當天早上，上水鄉鄉公所的村長和村委先到鳳溪各校，引領學生。而

廖氏村民與省墓隊伍一同拜祭廖氏一世祖仲傑公。
圖片來源：鳳溪第一小學

村民在廖萬石堂旁廚房預備的「五生五熟」
祭品，包括豬肉、雞肉及內臟等。
圖片來源：香港教育大學香港教育博物館

由這些學生組成的秋祭省墓隊，加上銀樂隊、小鼓隊、童軍等，在校長和老師帶領下，巡遊到鄉公所，會合廖氏的鄉親父老，一起合唱鳳溪公立學校校歌和省墓歌。接着，省墓隊會在上水鄉內巡遊一周，通知村民秋祭儀式快將開始，隨後和廖氏族人前往進行儀式的場地。

　　正午，身穿灰色長衫的禮生會以圍頭話唱禮祝文，宣告儀式開始。禮生是儀式的主持，不但要背誦相關文本，更要熟知儀式細節，並協助儀式進行。主祭的族長為族中最年長、輩份最高的廖氏男丁，身穿藍色長衫，在禮生協助和引導下，帶領拜祭儀式，包括：叩首、斟酒、上香等。族長完成拜祭後，廖氏男丁便按輩份逐一到墓前敬酒。接下來，學生省墓隊會誦讀祝文、獻花和奏樂唱歌。

　　祭祀祖墓後，族人便移師到一旁的后土拜祭。而所有祭禮完成後，祭品中的燒豬亦會在祭祀現場分發，稱為「分豬肉」；每名 81 歲以上的廖氏男丁可以領取一斤燒肉。同時，村民會在山上開灶烹煮盆菜，席地享用，稱作「食山頭」。據村民分享，食山頭不但是體恤眾人長途跋涉參加祭祀的辛勞，也是為了減輕攜帶祭品下山的重量，一舉兩得。後來，因地方不便與衛生問題，分豬肉改在上水鄉東慶堂派發，而食山頭則改為在鳳溪第一小學校園大草地上的盆菜宴。

鳳溪學校學生與村民一同組成的省墓隊伍齊集上水圍榕樹頭，合唱省墓歌。約攝於 1950 至 1960
年代。
圖片來源：廖駿駒先生

由鳳溪學校學生組成的秋祭省墓隊伍。約攝於 1950 至 1960 年代。
圖片來源：廖駿駒先生

身穿藍色長衫的族長跪在墓前進行斟酒儀式。一名禮生讀出祝文，其他與祭者和執事則幫忙傳遞拜祭用具，協助儀式進行。
圖片來源：香港教育大學香港教育博物館

祭拜二世祖當天由禮生負責唱禮的祝文。
圖片來源：上水鄉鄉公所

（二世祖）虎地太祖重陽秋祭

序禮奏樂　主祭者就位　肅整衣冠　迎神跪　叩首叩首三叩首　興

叩首叩首六叩首　興　跪　叩首叩首九叩首　俯伏興跪　上香

再上香　三上香　進爵　酌酒　以酒灌地降神　俯伏興　行初獻禮

跪　進爵　酌酒　停爵　司祝者就位　眾孫皆跪　喧祝文

贊唱　以酒奉上二世祖墓前　進饌　獻饌　俯伏興　行亞獻禮　跪

進爵　酌酒　以酒奉上太祖墓前　進羹　獻羹　俯伏興　行三獻禮

跪　進爵　酌酒　以酒奉上太祖墓前　進財寶　辭神　叩首叩首三

叩首叩首六叩首　俯伏興　主

祭者退位　十八世孫以下依次分獻　各復位　辭神　叩首叩首九

叩首叩首六叩首　叩首叩首九叩首　俯伏興

焚帛　辭神　禮畢　鳴爆

秋祭儀式歷年來的轉變

　　傳承多年的上水廖氏秋祭儀式，與時並進。除了「分豬肉」和「食山頭」的舉行場地有所改變外，因現時交通方便，祖墳附近亦已開闢車道，後人子孫可以車代步，不需像以往般勞累。廖家樂先生更憶述小時候秋祭的印象。當時，眾人均要步行前往。由於人數眾多，隊伍浩浩蕩蕩，非常壯觀。有時候，隊伍前面的人到了上水墟，後面的人還在上水鄉內。他指出，過去就讀鳳溪學校的廖氏子弟必須參加秋祭，因此省墓隊特別熱鬧；不過，隨着廖姓學生日漸減少，學校現在也不再要求他們參與。此外，過往廖氏女性不能參與整個秋祭儀式，但近年鄉例放寬，除祭祀仍規定只由男丁負責外，預備祭品、盆菜等，女性也可參加，反映傳統習俗已因應時代變遷而有所不同。

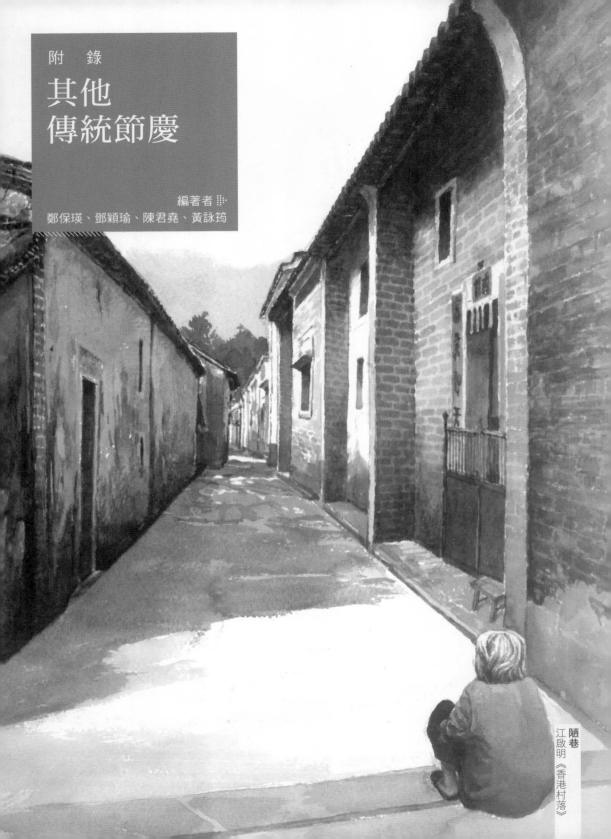

附　錄
其他
傳統節慶

編著者 ⫶⫶⫶·
鄭保瑛、鄧穎瑜、陳君堯、黃詠筠

陋巷
江啟明《香港村落》

赤鱲角

東涌

N

大澳

昂坪

塘福

石壁

煎魚灣 **汾流**

汾流天后廟

地圖僅供參考，未必符合比例

一、大嶼山汾流天后誕

　　汾流位於大嶼山西南角，對開海域為珠江與太平洋水域的分界。由於臨靠爛頭海峽，並鄰近澳門和桂山島，成為歷代海防戰略要地。汾流一度曾作近岸漁場，停泊不少漁船。

村民生活

　　汾流村歷史悠久，1960 年代全盛時期，共有 20 多戶，逾百名村民聚居於此。村民以種植、捕魚為生，並把農作物及漁獲帶到大澳、澳門兜售。據汾流村原居民代表何偉全先生的兄長何連發先生憶述，由於當時漁船多以木材製造，要定期燒草燻船，避免船身霉爛，他們亦會賣草，增加收入。

　　汾流村內先後設立過書塾和學校，為村中子弟提供教育。何村長的姐姐何蓮娣女士便曾在應綱梁公祠讀私塾，私塾由村中最大氏族梁氏創辦。1957 年，「汾流小學校」註冊成立，開始提供現代教育。除取錄汾流

汾流小學校校舍環境。校舍中央掛有報時銅鐘，左方則設有鞦韆，攝於 1959 年。
圖片來源：香港大學圖書館

子弟外，鄰近地方，如二澳、煎魚灣，也有小孩步行前來上學。

　　汾流村位置偏遠，沒有車路，外出要沿山路往返大澳、石壁，路程約兩小時。1960、1970 年代，汾流曾設有漁民經營的街渡往返大澳，每週兩天。1970 年代開始，年輕村民陸續遷離汾流外出工作，亦有不少人遷到大澳和其他地方定居。汾流小學校在沒有生源之下，無奈於 1980 年代停辦，學生則改往大澳上學。

汾流天后誕

　　汾流村部分村民從事漁業，篤信天后，祈求出海平安、風調雨順。每年農曆四月二十三日為汾流天后誕。自清代開始，汾流村村民和附近漁民已有賀誕活動，歷史悠久；2014 年，更被列入香港首份非物質文化遺產清單內。

　　1945 年前，汾流村村民已在村內天后古廟前的沙灘搭棚慶祝天后寶誕，戲棚更由陸地伸延出海。約有 60、70 艘船隻泊在岸邊，船家則紛紛走上沙灘參與賀誕，盛極一時。隨着村民陸續遷離，汾流天后誕亦曾一度停辦，1970 年代才移師大澳新村天后廟前續辦；自 1990 年代起，又改在龍田邨旁的球場舉行。

汾流天后誕值理集體參拜，酬謝神恩。攝於 1984 年。
圖片來源：廖迪生教授

汾流天后古廟，屬兩進三開間之磚木結構，建於清咸豐年
間，有逾百年歷史，為香港現存少數臨海而立之天后廟。
圖片來源：香港教育大學香港教育博物館

大澳神功戲表演。攝於 1958 年。
圖片來源：香港文化博物館，獲香港文化博物館批准複製

參與汾流天后誕的花炮會成員在花牌前合照。攝於 1983 年。
圖片來源：廖迪生教授

賀誕前兩天：接神儀式

農曆四月廿一日，值理會首先舉行「拜海口」及「撒水飯」儀式，然後開始請神，將天后行身安放在神轎內，抬上快艇，駛往大澳神棚。上岸後，將天后行身安放到神棚的神壇內。值理還會迎請大澳各廟神祇，包括：天后、金花、洪聖、關帝和侯王等，一同到神壇供奉。

神功戲

大澳汾流天后寶誕演戲值理會多年來禮聘著名粵劇團，例如鳴芝聲劇團等，一連四天三晚，演出粵劇神功戲，酬謝神恩。何偉全先生憶述，當年天后誕仍在汾流舉行時，由於那時候娛樂不多，粵劇神功戲表演吸引了不少大澳及附近居民特意步行前來觀賞，人神共樂。

正誕

農曆四月二十三日天后誕正日，各花炮會齊集神壇前進香，問杯求福，酬謝神恩。大會值理會亦會選定明年誕會負責人，以及決定明年誕期；隨即在天后神壇前，舉行搶花炮活動。不過，後來因安全考慮，改為抽花炮。中炮者可將天后神像造型的炮身，取回家中，保祐全年平安順利。晚上，大會在大澳聚餐，並由善信競投聖品。

送神

正誕翌日，即農曆四月二十四日，值理會將天后、金花娘娘，以及

洪聖、關帝、侯王三位菩薩，由神壇送回各廟繼續供奉。

汾流天后誕的傳承

　　汾流天后誕曾一度中斷，至 1970 年代才由大澳漁民重新舉辦。大澳汾流天后寶誕演戲值理會主席樊森記先生，便是當中靈魂人物，亦是第七代傳人。樊主席家族從事漁業，對汾流天后廟和天后誕素來盡心盡力。廟中碑記亦有記載，不少樊氏前人捐款支持廟宇重修。何連發先生亦指出，汾流天后誕主要由漁民支持。由於汾流漁獲豐富，以往很多漁船在汾流對開海域捕魚；漁民獲利後亦會捐錢支持天后廟的修築，酬謝神恩。雖然不少漁民後代已改為從事船運業，仍會秉承祖輩對天后的虔敬，出錢出力，讓汾流天后廟與天后誕得以延續至今。

掃瞄收看更多有關汾流天后誕資訊

汾流天后誕於 1970 年代起改在大澳舉辦，
戲棚和神棚規模盛大。攝於 1985 年。
圖片來源：廖迪生教授

青山公路

屯門公路

麗城花園

荃灣路

担杆山路

長安邨

荃灣
海濱公園

青荃路

青衣站

長宏邨

醉酒灣

青衣公園

青衣

二、青衣担杆山路盂蘭節

　　香港擁有天然海岸線，漁業蓬勃，加上開埠後成為轉口港，造船業
發展興旺。黃埔、大角咀等沿岸地區均曾設有大型船塢；此外，亦有一些
小型船廠位於長沙灣、醉酒灣等地。每年農曆七月，船廠行業為祈求平安
會出海祭幽，部分亦會舉辦盂蘭法會。當中最具規模的，要算是東義造船
業總商會轄下盂蘭會，在青衣島担杆山路船廠區舉行的盂蘭勝會。

東義造船業總商會的歷史背景

　　東義造船業總商會在二戰後重新登記為註冊社團，成員包括船廠和
支援船廠工作的店舖，如士多、五金店等。東義造船業總商會總務梁國明
先生提到，商會的成立是為團結船廠和工人，爭取福利和權益。1960 年
代之前，商會總部和各成員船廠均設於長沙灣。梁先生還憶述，當時尚未
填海的長沙灣，沿岸有造船、拆船廠，木船業等，非常興盛。1960 年代

祭水幽時，大士王被安放在船頭，在担杆山路一帶水域巡遊，並請道士在船上誦經，向海中亡魂施祭。攝於 2011 年。
圖片來源：東義造船業總商會

初，政府因填海及發展工業區，收回船廠地段，30 多家船廠因而遷至青衣島北岸，繼續營運。

担杆山路盂蘭節儀式

　　東義造船業總商會的會址仍在長沙灣時，轄下的盂蘭會已開始舉辦盂蘭勝會，至今逾 50 年歷史。盂蘭節為造船業界重要節日，對船廠上下均有多重意義，包括：祈求平安、重聚、追思等。不過，隨着環境與社會變化，盂蘭節亦有很大的轉變。昔日長達五日四夜的節期已縮短為三日兩夜，原設的神功戲亦因缺乏場地而取消。

　　現時担杆山路盂蘭節於每年農曆七月十五至十七日舉行。首日進行開壇、豎幡、開幡、讀表、撒米、誦經等儀式；晚上則在商會會址旁設齋菜酒席 20 多圍。次日則進行三次行朝儀式，聘請道士主持：日間先乘船出海「化水幽」，由職工化寶，並將衣紙、水飯、芽菜及豆腐等拋下海；

上岸後，職工會將船上的大士王和金銀衣紙火化，以超渡青衣和油柑頭一帶的海上亡靈；晚上設葷菜酒席，並在席上由各廠商代表投票，選出下一屆盂蘭會的大總理和副總理；然後舉行「祭大幽」，並火化大士王。而最後一天則進行送總理儀式，參與勝會的商號並會在商會內分燒肉。

據梁先生和總商會秘書鍾甜妹女士形容，担杆山路盂蘭節是船廠全人全年最高興的日子，處處張燈結彩，新舊工友聚首一堂。此外，盂蘭勝會亦設有附薦棚，讓後人捐款設立牌位附薦先人，可見盂蘭節亦是船廠職工懷緬先人的日子。

船廠職工將大士王、功曹馬等紙紮火化，代表神明已回駕，不需再供奉。攝於 2009 年。
圖片來源：東義造船業總商會

結語

　　新界和離島的教育始自民間。逾百年來，在鄉鄰坊眾積極推動下，從最初秀才、鄉紳開辦的私塾，到後來部分學塾蛻變成近代的鄉村學校，以及各鄉村的有心人、同鄉會、宗教團體等，不畏艱辛籌辦的新學校，教育發展可說十分蓬勃；隨着戰後嬰兒潮及大量內地移民湧入香港，鄉村學校更曾盛極一時，不少還多次擴大辦學規模，並參與政府於 1970 年代推行的普及教育和六年免費教育。可惜，其後社會急劇轉變，部分鄉村學校隨着學生人數減少而步向衰落，有些要縮減班級，有些更因收生不足而結束停辦。幸而，仍有不少村校勇於面對困境，變革轉型，至今猶然昂然屹立。

　　我們萬分感謝歷來對新界和離島地區教育付出努力的各界人士，尤其是已故的鄺啟濤博士[1,2]。鄺博士為香港官立鄉村師範專科學校畢業生，畢生從事教育工作，先後出任多所村校的老師和校長，對新界鄉村教育貢獻極大。編著團隊亦衷心祝願新界和離島各校，未來仍能繼續為新界社區、香港特別行政區和國家作出貢獻，培育新一代；更深切盼望書中記載的村校歷史和生活記憶，可讓大家於懷緬昔日簡樸校園生活之餘，對當下和未來教育發展，亦能帶來一點反思和啟悟。

　　由於篇幅所限，詳盡的訪談未能一一收錄書中，而只能總結訪談的

1　香港教育大學：〈第二屆榮譽院士頒授典禮（2010）〉，2010 年。取自 https://www.eduhk.hk/zht/honorary-awards/2nd-honorary-fellowship-presentation-ceremony-2010

2　香港教育大學：〈第二屆榮譽院士頒授典禮（2010）讚辭〉，2010 年，頁 19。取自 https://www.eduhk.hk/cms/f/honorary_doctors_fellows/14269/19181/HF2010_citation_c.pdf

精華內容。讀者如有興趣深入了解，歡迎瀏覽本書網站，收看完整版本的訪談片段。本書雖不是學術研究專著，但編撰仍力求精確。資料如有未周之處，敬希不吝賜正，期待日後有機會修訂、補充。

📘 參考書目

圖書

大埔師範同學會會刊編輯委員會：《埔師同學會會刊》。香港：大埔師範同學會有限公司，1973 年。

大埔區議會：《大埔手冊》。香港：大埔區議會，2002 年。

大埔環保會編：《移動城市：大埔生態文化手冊》。香港：大埔環保會，2009 年。

元朗區議會推廣本土旅遊經濟工作小組：《古風今貌：情繫元朗攝影比賽得獎作品集》。香港：元朗區議會推廣本土旅遊經濟工作小組，2010 年。

元朗區議會推廣本土旅遊經濟工作小組：《樂遊元朗》。香港：元朗區議會推廣本土旅遊經濟工作小組，2014 年。

天主教研究中心編：《東西薈萃：香港天主教的傳教歷程》。香港：香港中文大學天主教研究中心，2019 年。

方美賢：《香港早期教育發展史》。香港：中國學社，1975 年。

方駿、熊賢君主編：《香港教育通史》。香港：齡記出版有限公司，2008 年。

王齊樂：《香港中文教育發展史》。香港：波文書局，1983 年。

北區區議會：《北區文化生態之旅》。香港：北區區議會，2011 年。

甘水容、邱逸：《梅窩百年：老村、荒牛、人》。香港：中華書局（香港）有限公司，2016 年。

田仲一成著、錢杭、任余白譯：《中國的宗族與戲劇》。上海：上海古籍出版社，1992 年。

何佩然：《城傳立新：香港城市規劃發展史（1841-2015）》。香港：中華書局（香港）有限公司，2016 年。

何惠儀、游子安撰、明基全編：《教不倦：新界傳統教育的蛻變》。香港：香港區域市政局，1996 年。

余美賢：〈粉嶺公立學校簡介〉，載於《粉嶺圍庚子年十年一屆太平清醮特刊》（頁 84-85）。香港：粉嶺圍村公所，2020 年。

余偉阡、何健豪：《香港旅俠：北區背包行》。香港：香港青年協會，2016 年。

余惠冰：〈香港普及教育不容遺忘的一頁：鄉村學校的興起、結束、轉化與延續〉，載於香港教育學院數社科技學系及圖書館：《「教育與承傳」學術研討會及展覽》（頁 33）。香港：香港教育學院，2009 年。

余震宇：《壹街一個故事：九龍篇 II：九龍街道與社會大事》。香港：日閱堂出版社，2020 年。

吳柱梅：《屯門漫遊：屯門古蹟文化生態導賞推廣教育》。香港：仁愛堂社區中心，2009 年。

呂烈：《大嶼山》。香港：三聯書店（香港）有限公司，2002 年。

李金強、湯紹源、梁家麟主編：《中華本色：近代中國教會史論》。香港：建道神學院，2007 年。

沙田節統籌委員會：《蛻變中的沙田：一九八九年度沙田節特刊》。香港：沙田節統籌委員會，1989 年。

阮志：《越界：香港跨境村莊及文化遺產》。香港：三聯書店（香港）有限公司，2016 年。

周佳榮：《簡明香港古代史》。香港：三聯書店（香港）有限公司，2021 年。

周家建、張順光：《坐困愁城：日佔香港的大眾生活》。香港：三聯書店（香港）有限公司，2015 年。

周樹佳：《鬼月鈎沉：中元、盂蘭、餓鬼節》。香港：中華書局（香港）有限公司，2015 年。

東華三院甲寅年總理中學：《北區村校過去、現在與未來》。香港：東華三院甲寅年總理中學，
　　2003 年。

邱東：《新界風物與民情》。香港：三聯書店（香港）有限公司，1992 年。

施志明：《本土論俗：新界華人傳統風俗》。香港：中華書局（香港）有限公司，2016 年。

胡燏輝編：《香港教育年鑑》。香港：金匙出版社，1964 年。

香港地方志中心編纂：《香港志・總述大事記》。香港：中華書局（香港）有限公司，2020 年。

香港新界傳道會：《香港新界傳道會徵信錄：會事紀錄合刊》。香港：香港新界傳道會，1918 年。

香港濕地公園：《與濕地同行》。香港：香港濕地公園，2015 年。

夏其龍：《香港傳教歷史之旅：碗窰、汀角、鹽田仔》。香港：天主教香港教區福傳年專責小組，
　　2005 年。

荃灣區議會：《荃灣二百年：歷史文化今昔》。香港：荃灣區議會，1991 年。

強尼・艾倫（Johnny Allen）等著、陳希林、閻蕙群譯：《節慶與活動管理》。台北市：五觀藝術管
　　理有限公司，2004 年。

梁炳華：《北區風物志》。香港：北區區議會，1994 年。

梁炳華主編：《香港離島區風物志》。香港：離島區議會，2007 年。

梁操雅、羅天佑編著：《香港考評文化的承與變：從強調篩選到反映能力》。香港：商務印書館（香
　　港）有限公司，2017 年。

陳天權：《時代見證：隱藏城鄉的歷史建築》。香港：中華書局（香港）有限公司，2021 年。

陳天權：《神聖與禮儀空間：香港基督宗教建築》。香港：中華書局（香港）有限公司，2018 年。

陳天權：《被遺忘的歷史建築：新界離島篇》。香港：明報出版社有限公司，2014 年。

陳永安編：《四必堂陳氏族譜誌》。出版地不詳：出版者不詳，1945 年。

陳守仁、湛黎淑貞：《香港神功粵劇的浮沉》。香港：中華書局（香港）有限公司，2018 年。

陳雲：《元朗：懷鄉戀土的地方》。香港：花千樹出版有限公司，2017 年。

湯開建、蕭國健、陳佳榮主編：《香港 6000 年：遠古 -1997》。香港：麒麟書業有限公司，1998 年。

馮志明著、冼玉儀編：《元朗文物古蹟概覽》。香港：元朗區議會，1996 年。

馮邦彥：《香港地產史 1841-2020》。香港：三聯書店（香港）有限公司，2021 年。

黃佩佳著、沈思編校：《新界風土名勝大觀》。香港：商務印書館（香港）有限公司，2016 年。

黃炳文：〈香港鄉村學校的校長領導〉，載於梁操雅、羅天佑主編：《教育與傳承：歷史文化的視角》
　　（頁 137-148）。香港：香港教育圖書公司，2011 年。

黃振威：《番書與黃龍：香港皇仁書院華人精英與近代中國》。香港：中華書局（香港）有限公司，
　　2019 年。

黃惠琼：《但願人長久》。香港：進一步多媒體有限公司，2013 年。

黃競聰、朱詠筠編：《祭・春秋：香港祭祖文化》。香港：長春社文化古蹟資源中心，2021 年。

廖迪生：《香港天后崇拜》。香港：三聯書店（香港）有限公司，2000 年。

廖書蘭：《被忽略的主角：新界鄉議局發展及其中華民族文化承傳》。香港：商務印書館（香港）
　　有限公司，2018 年。

爾冬：《香港歷史之謎》。香港：明報出版社有限公司，2001 年。

劉智鵬、劉蜀永編：《香港地區史研究之四：屯門》。香港：三聯書店（香港）有限公司，2012 年。

劉智鵬、劉蜀永選編：《方志中的古代香港：《新安縣志》香港史料選》。香港：三聯書店（香港）有限公司，2020 年。

劉智鵬：《香港達德學院：中國知識份子的追求與命運》。香港：中華書局（香港）有限公司，2011 年。

劉智鵬編著：《屯門風物志》。香港：屯門區議會，2003 年。

劉智鵬編著：《屯門歷史與文化》。香港：屯門區議會，2007 年。

劉蜀永、蘇萬興主編：《蓮麻坑村志》。香港：中華書局（香港）有限公司，2015 年。

劉蜀永主編：《簡明香港史》（第三版）。香港：三聯書店（香港）有限公司，2016 年。

潘淑華：〈大埔教育：從鄉村師範的建立到鄉村學校的消失〉，載於廖迪生、張兆和、黃永豪、蕭麗娟主編：《大埔傳統與文物》（頁 212-221）。香港：大埔區議會漁農工商、旅遊及文娛康體委員會推動大埔區本土經濟發展工作小組，2008 年。

蔡志祥：《酬神與超幽》。香港：中華書局（香港）有限公司，2019 年。

蔡思行：《戰後新界發展史》。香港：中華書局（香港）有限公司，2016 年。

鄧達智、鄧桂香：《元朗·食事·好時光》。香港：萬里機構·飲食天地出版社，2014 年。

蕭國建：〈1899 年英人接收香港新界地區事件探索〉，載於劉智鵬主編：《展拓界址：英治新界早期歷史探索》（頁 49-63）。香港：中華書局（香港）有限公司，2010 年。

蕭國健：《大埔風物志》。香港：大埔區議會，2007 年。

蕭國健：《香港古代史》（修訂版）。香港：中華書局（香港）有限公司，2006 年。

蕭國健：《簡明香港近代史》（增訂版）。香港：三聯書店（香港）有限公司，2021 年。

薛鳳旋、彭雅雋：《屯門：古代海港到將來城市之演變》。香港：香港地理學會、屯門鄉事委員會，1982 年。

薛鳳旋、鄺智文編著：《新界鄉議局史：由租借地到一國兩制》。香港：三聯書店（香港）有限公司，2011 年。

鄺啟濤、鄧梂華、劉澤斌、楊毓照、麥志廣、勞祥新編著：《百年回眸·鄉師一瞥（1913-2013）》。香港：鄉師出版社，2016 年。

鄺啟濤主編、香港官立鄉村師範專科學校同學會編著：《鄉村情懷：香港官立鄉村師範專科學校校史（1946-54）及活動》。香港：香港官立鄉村師範專科學校同學會有限公司，2004 年。

羅慧燕：《藍天樹下：新界鄉村學校》。香港：三聯書店（香港）有限公司，2015 年。

嚴瑞源編著：《新界宗族文化之旅》。香港：萬里機構·萬里書店，2005 年。

蘇萬興：《坐言集之錦田鄧族》。香港：超媒體有限公司，2008 年。

Goodall, Norman. *A History of the London Missionary Society 1895-1945*. London: Oxford University Press, 1954.

London Missionary Society. *The Report of the London Missionary Society*. London: W. Stevens, 1918.

期刊

方駿：〈大埔官立漢文師範學校（1926-1941）：新界基礎教育的開拓者〉，《教育學報》，2001 年，第 29 卷第 1 期，頁 137-156。

方駿：〈鄉村師範專科學校（1946-1954）：香港教師教育史上的重要一頁〉，《基礎教育學報》，1999 年，第 9 卷第 1 期，頁 1-19。

吳滔、羅歐亞：〈從遷界到展界：明清鼎革時期的溫台鹽政與濱海社會〉，《蘇州科技大學學報（社會科學版）》，2017 年，第 34 卷第 1 期，頁 50-61。

李顯偉、何苗、張儀夫：〈香港新界元朗錦田水頭村洪聖誕考察報告〉，《田野與文獻：華南研究資料中心通訊》，2014 年，第 76 期，頁 12-21。

卓進：〈論南宋至明代廣東書院的祭祀變遷〉，《內江師範學院學報》，2012 年，第 27 卷第 7 期，頁 71-76。

侯勵英：〈新界大埔文化古蹟遊踪〉，《歷史教育網絡》，2012 年，第 9 期 3 月號。取自 http://www.hkep.com/history_education/vol_009_activity_02_1.htm

香港佛教聯合會：〈青山佛教義學：香港佛教鄉村學校之首倡者〉，《佛聯匯訊》，2018 年，200 期，頁 4。

高永霄：〈從悼念慈祥法師的示寂：談香港佛教義學的始終〉，《香港佛教》，2000 年，第 476 期，頁 27-29。

陳慶源：〈非物質文化遺產的物質性、操作者與保育：有關香港禮生及其文本的初步研究〉，《香港博物館誌》，2021 年，第 3 期，頁 20-37。

趙曉彤：〈從前，大澳漁村有間名校〉，《就係香港》，2021 年，春季號。取自 https://beinghongkong.com/010-Preview-4

鄭澄、梁浩宜、蔡俊傑：〈香港新界上水廖氏春祭考察報告〉，《田野與文獻：華南研究資料中心通訊》，2014 年，第 75 期，頁 20-22。

鄺智文：〈從「新界人」到「原居民」：英治時期香港新界村民的身份建構〉，《香港社會科學學報》，2018 年，第 52 期，頁 39-72。

譚思敏：〈一九九八年香港上水金錢村福德大王寶誕考察報告〉，《華南研究資料中心通訊》，1998 年，第 12 期，頁 1-6。取自 https://schina-publication.hkust.edu.hk/Article_DB/sites/default/files/full-text/issue/news-012.pdf

關之英：〈庠序的桃花源：香港一所客家村校的辦學歷程〉，《贛南師範學院學報》，2011 年，第 1 期，頁 12-20。

鐘嘉姸：〈宗族在不同時期的變化發展：從考察香港上水廖氏秋祭説起〉，《黑河學刊》，2012 年，第 9 期，頁 61-64。

報刊

〈千禧年代殺校潮惹學界抗議：有學校轉直資避劫〉，《明報》，2021 年 11 月 1 日。

〈大火摧燬石湖墟〉，《工商晚報》，1955 年 2 月 21 日。

〈大埔公立學校畢業：視學官暨新界鄉紳蒞臨致訓〉，《華僑日報》，1950 年 7 月 30 日。

〈大埔公立學校興建新校舍：九個課室可容八百人〉，《香港工商日報》，1959 年 11 月 26 日。

〈大埔公立學校籌擴建新校舍：九個課室可收學生八百名〉，《華僑日報》，1958 年 12 月 3 日。

〈大埔廣福邨宏福苑部份大廈落成入伙〉，《工商晚報》，1983 年 11 月 1 日。

〈大澳汾流天后誕：喜慶代代傳〉，《香港商報》，2015 年 6 月 18 日。

〈小一普通話教中文耗百萬改善校舍瀕殺校全面改革延續教學使命〉，《星島日報》，2007 年 9 月 27 日。

〈小一僅 1 班 80 校臨被殺：沙田大埔重災最多縮減 7 班〉，《香港經濟日報》，2005 年 9 月 6 日。

〈小學北上招港人子女〉,《東方日報》,2005 年 10 月 1 日。

〈升小一少 2700:學童學額減名校競爭未加劇〉,《明報》,2007 年 10 月 6 日。

〈石湖村校罷課反合併〉,《星島日報》,2003 年 6 月 24 日。

〈全國政協常委廖澤雲丁父憂:廖維康騎鶴西歸〉,《華僑報》,2016 年 8 月 15 日。

〈收生困難浸信會接辦易名大埔公立學校交辦學權求存〉,《明報》,2007 年 1 月 6 日。

〈老鼠嶺建站大翻新:釋發展潛力〉,《星島日報》,2021 年 10 月 16 日。

〈汾流攝影展:細訴舊地恩情〉,《香港商報》,2016 年 10 月 27 日。取自 http://hk.hkcd.com/content/2016-10/27/content_3600268.htm

〈沙田挽根新校舍舉行開幕禮盛況:泰利主持剪綵黎敦義致訓詞〉,《華僑日報》,1955 年 12 月 31 日。

〈東華三院五間義學四六三人畢業:今日在醫院大禮堂頒發証書:大埔公學上水育賢分別行畢業禮〉,《華僑日報》,1950 年 7 月 29 日。

〈青衣船廠:滄海桑田〉,《明報》,2016 年 5 月 15 日。

〈荃灣公學與何傳耀中學因建地鐵支綫拆卸遷入石圍角邨啟用〉,《華僑日報》,1980 年 12 月 19 日。

〈荃灣公學擴建選出職員負責:該區五千兒童需要入學現有校舍未能盡量收容〉,《華僑日報》,1954 年 10 月 25 日。

〈荃灣公學籌建積極建廿四課室可增收學生至二千人〉,《華僑日報》,1955 年 10 月 9 日。

〈荃灣南園書舍將辦初級小學:正進行向當局備案望月內可開課〉,《華僑日報》,1960 年 2 月 6 日。

〈荃灣教育發展更有過於港區〉,《華僑日報》,1961 年 12 月 21 日。

〈梅窩神話,本來自成一國〉,《明報》,2016 年 6 月 26 日。

〈週田村:真假老鼠嶺〉,《明報》,2019 年 11 月 3 日。

〈廈村鄉堅持傳統點燈不息〉,《香港商報》,2021 年 3 月 7 日。

〈新任離島理民府官赴大澳訪問鄉事:鄉委迫切要求擴建避風塘:全區僅有警署電話〉,《華僑日報》,1960 年 12 月 30 日。

〈新建石湖墟在三小時內六街化為瓦礫〉,《華僑日報》,1956 年 12 月 24 日。

松睿:〈長洲教育曾極盛:小學歷史逾百年〉,《文匯報》,2018 年 1 月 17 日。

浩然:〈「新界傳道會」有碑紀念〉,《基督教週報》,2005 年 10 月 9 日,第 2146 期。取自 http://www.christianweekly.net/2005/ta11387.htm

梁勇:〈屯門妙法寺原址曾為嶺大農學院校舍〉,《大公報》,2017 年 12 月 12 日。

蔣旻正:〈善用北區校網優勢:發揮村校多元特色〉,《明報》,2021 年 5 月 13 日。

網絡資料

八鄉中心小學:〈學校歷史〉,無日期。取自 http://www.phcps.edu.hk/?page_id=22&lang=zh

八鄉鄉事委員會:〈同益堂〉,無日期。取自 http://www.patheung.com/tung_yick.htm

上水鄉鄉公所:〈上水鄉簡介〉,無日期。取自 https://www.lmstong.hk/

上水鄉鄉公所:〈昔日上水〉,無日期。取自 https://www.lmstong.hk/?page_id=2158

上水鄉鄉公所:〈廖萬石堂〉,無日期。取自 https://www.lmstong.hk/?page_id=1892

大埔浸信會公立學校：〈學校歷史〉，無日期。取自 https://www.tpbps.edu.hk/it-school/php/webcms/public/index.php3?refid=1034&mode=published&nocache

山野樂逍遙：〈鄉村學校搜影〉，無日期。取自 http://www.hkhikers.com/

中華基督教會大澳小學：〈學校簡介〉，無日期。取自 https://www.ccctaiops.edu.hk/drupal/zh-hant/schinfo_brief

中華基督教會元朗堂：〈元朗堂百一年史略〉，無日期。取自 http://www.ylcccc.org/acms/content.asp?site=ylcccc&op=showbycode&code=HundredGallery

文化葫蘆：〈船廠街盂蘭盛會：担杆山路盂蘭節〉，無日期。取自 http://had18.huluhk.org/article-detail.php?id=588&lang=tc

文化葫蘆：〈達德學院〉，2017 年。取自 https://had1617.huluhk.org/tuen-detail.php?id=36&lang=tc

文化葫蘆：〈錦田鄧氏點燈與洪聖誕〉，2017 年。取自 https://had1617.huluhk.org/yuen-detail.php?id=48&lang=tc

王肇枝中學：〈由鄉村到市鎮：探究大埔舊墟公立學校的發展歷史〉，2017 年。取自 https://www.lcsd.gov.hk/CE/Museum/History/documents/54401/7711852/6thJA1.pdf

打鼓嶺嶺英公立學校：〈2016 年 1 月 4 日起打鼓嶺禁區開放〉，2016 年。取自 http://www.lyps.edu.hk/2016/01/2016 年 1 月 4 日起打鼓嶺禁區開放 /

打鼓嶺嶺英公立學校：〈嶺英今昔〉（錄影資料），2018 年。取自 http://www.lyps.edu.hk/2018/05/嶺英今昔 -2/

打鼓嶺嶺英公立學校：〈嶺英公立學校簡史〉，無日期。取自 http://www.lyps.edu.hk/ 學校資料 / 學校資訊 /

何志平：〈新界五大氏族（上）〉，2007 年。取自 https://www.hab.gov.hk/file_manager/tc/documents/whats_new/from_the_desk_of_secretary_for_home_affairs/shaarticles237_200700515new_c.pdf

何志平：〈新界五大氏族（下）〉，2007 年。取自 https://www.hab.gov.hk/file_manager/tc/documents/whats_new/from_the_desk_of_secretary_for_home_affairs/shaarticles238_200700522new_c.pdf

李浩暉：《新界墟市：粉嶺聯和墟》，2016 年。取自 https://www.lordwilson-heritagetrust.org.hk/filemanager/archive/project_doc/10-200/A Market Town in the New Territories Luen Wo Market in Fanling.pdf

屈慧珍：〈「香港留聲」口述歷史檔案庫：日治期間妹妹漂泊的生活〉，2009 年。取自 https://www.hkmemory.hk/collections/oral_history/All_Items_OH/oha/records/index_cht.html#p56381

長春社文化古蹟資源中心：〈香・校變奏〉，2021 年。取自 http://cache.org.hk/blog/category/ 香・校變奏 /

非物質文化遺產辦事處：〈社會實踐、儀式、節慶活動 — 盂蘭勝會（本地傳統）（青衣擔桿山盂蘭勝會）〉（香港公共圖書館多媒體資訊系統），無日期。取自 https://mmis.hkpl.gov.hk///c/portal/cover?c=QF757YsWv58JCjtBMMlqoupgppjbQwkV

非物質文化遺產辦事處：〈香港非物質文化遺產資料庫：汾流天后誕〉，2021 年。取自 https://www.hkichdb.gov.hk/zht/item.html?356707a7-16ad-4e2e-91ae-8f23a61a5144

非物質文化遺產辦事處：〈香港非物質文化遺產資料庫：宗族春秋二祭〉，2021 年。取自 https://www.hkichdb.gov.hk/zht/item.html?d5d3378f-8435-46b4-9036-53acf8e8fda8

南丫北段公立小學：〈學校歷史〉，無日期。取自 https://www.nls.edu.hk/tc/content.php?wid=100

香港公共圖書館：〈元朗古與今〉（香港公共圖書館多媒體資訊系統），2009 年。取自 https://mmis.hkpl.gov.hk/zh/yl_exhibition

香港記憶：〈戰後香港〉，無日期。取自 https://www.hkmemory.hk/MHK/collections/KAAA/background/post_war/index_cht.html

香港教育大學：〈第二屆榮譽院士頒授典禮（2010）〉，2010 年。取自 https://www.eduhk.hk/zht/honorary-awards/2nd-honorary-fellowship-presentation-ceremony-2010

香港教育大學：〈第二屆榮譽院士頒授典禮（2010）讚辭〉，2010 年，頁 19。取自 https://www.eduhk.hk/cms/f/honorary_doctors_fellows/14269/19181/HF2010_citation_c.pdf

香港新聞博覽館：〈香港新聞博覽館舉行「奧運雄心」精英運動員網上分享會（第二場）〉（新聞稿），2021 年 11 月 6 日。取自 https://hkne.org.hk/web/zh-hk/media/press_release/2021/11/06/20211106_ 香港新聞博覽館舉行 - 奧運雄心 - 精英運動員網上分享會 - 第二場

荃灣公立何傳耀紀念小學：〈學校簡史〉，無日期。取自 http://www.twpsch.edu.hk/school_info/history/index.htm

荃灣公立何傳耀紀念中學：〈荃灣公立何傳耀紀念中學建校時間表〉，無日期。取自 https://www.twphcymc.edu.hk/CP/pG/7/11/18

馬冠堯：〈香港古蹟遊：錦田學校篇〉，2021 年。取自 https://www.mychistory.com/e001/e0014/ydyw0001

馬鞍山聖若瑟小學：〈學校歷史背景〉，無日期。取自 https://mossjps.edu.hk/ 學校歷史背景 /

國民學校：〈學校簡介〉，無日期。取自 https://www.cckms.edu.hk/tc/ 學校簡介

惇裕學校：〈創校歷史〉，無日期。取自 http://www.tys.edu.hk/it-school/php/webcms/public/index.php3?refid=2057&mode=published&nocache1633485276&lang=zh

梁操雅、劉思詠、陳嘉欣：〈鄺啟濤、許森、呂啟賢、馬郁蘭、獲菲容訪問〉，2010 年。取自 https://www.eduhk.hk/iedehp/repository/20100310_RTC_KwongKaiTo&HuiSum&WokFeiYung&LuiKaiYin&MaYukLan/doc/20100310_Transcription_kkt&hs&wfy&lky&myl.pdf

梅窩學校：〈學校資料〉，無日期。取自 http://www.mws.edu.hk/schinformation.html

新界總商會：〈東義造船業總商會〉，無日期。取自 http://www.ntgcc.org.hk/hk/subpage.php?mid=47

楊必興：〈梅窩城堡式建築「袁氏大屋」〉，《灼見名家》，2021 年。取自 https://www.master-insight.com/ 梅窩城堡式建築「袁氏大屋」yuens-mansion-castle-style-building-in-mui-wo/

團結香港基金：〈《歷史有話說》第三集：宋代〉，2020 年。取自 https://www.ourhkfoundation.org.hk/zh-hant/node/3507

鳳溪創新小學：〈本校歷史〉，無日期。取自 https://www.fkis.edu.hk/tc/ 本校歷史

鐘聲學校：〈學校歷史〉，無日期。取自 https://www.chungsing.edu.hk/tc/ 學校歷史

Schooland：〈惇裕學校〉，無日期。取自 https://www.schooland.hk/ps/tys

政府文件及刊物等

文物保育專員辦事處：《古蹟周遊樂 2013》。香港：文物保育專員辦事處，2013 年。取自 https://www.heritage.gov.hk/filemanager/heritage/common/events/heritage_fiesta_2013_pamphlet.pdf

古物古蹟辦事處：〈二帝書院〉，2021 年。取自 https://www.amo.gov.hk/tc/historic-buildings/monuments/new-territories/monuments_47/index.html

古物古蹟辦事處：〈上水金錢味峰侯公祠文物價值評估報告〉，2019 年。取自 https://www.amo.gov.hk/filemanager/amo/common/form/Hau_Mei_Fung_Ancestral_Hall_Related_Information_Chi.pdf

古物古蹟辦事處：〈張氏宗祠〉，2021 年。取自 https://www.amo.gov.hk/tc/historic-buildings/monuments/new-territories/monuments_68/index.html

古物古蹟辦事處：〈新界大埔運頭角里 11 號舊大埔警署文物價值評估報告〉，2021 年。取自 https://www.amo.gov.hk/filemanager/amo/common/form/DM128_Related_Information_Chi.pdf

古物古蹟辦事處：〈舊大埔墟火車站〉，2021 年。取自 https://www.amo.gov.hk/tc/historic-buildings/monuments/new-territories/monuments_29/index.html

古物古蹟辦事處：《大夫第、麟峯文公祠》。香港：古物古蹟辦事處，2021 年。取自 https://www.amo.gov.hk/filemanager/amo/common/download-area/pamphlet/tftm_202101.pdf

古物諮詢委員會：〈1,444 幢歷史建築名單和評估結果〉，2022 年。取自 https://www.aab.gov.hk/filemanager/aab/en/content_29/AAB-SM-chi.pdf

古物諮詢委員會：〈1444 幢歷史建築物簡要：分流廟灣天后古廟〉，無日期。取自 https://www.aab.gov.hk/filemanager/aab/common/historicbuilding/cn/1117_Appraisal_Chin.pdf

古物諮詢委員會：〈1444 幢歷史建築物簡要：泝流園〉，無日期。取自 https://www.aab.gov.hk/filemanager/aab/common/historicbuilding/cn/1004_Appraisal_Chin.pdf

古物諮詢委員會：〈1444 幢歷史建築物簡要：應綱梁公祠〉，無日期。取自 https://www.aab.gov.hk/filemanager/aab/common/historicbuilding/cn/958_Appraisal_Chin.pdf

古物諮詢委員會：〈古物古蹟辦事處進行修復和維修計劃的進度〉，2013 年。取自 https://www.aab.gov.hk/filemanager/aab/common/163meeting/AAB_11_2013-14-Annex-B-Chinese.pdf

立法會：《立法會會議過程正式紀錄》，2001 年 3 月 7 日。取自 https://www.legco.gov.hk/yr00-01/chinese/counmtg/hansard/010307fc.pdf

立法會：《立法會會議過程正式紀錄》，2004 年 5 月 19 日。取自 https://www.legco.gov.hk/yr03-04/chinese/counmtg/hansard/cm0519ti-translate-c.pdf

立法會教育事務委員會：〈立法會教育事務委員會 2021 年 1 月 8 日的會議跟進事項〉，立法會 CB(4)494/20-21(01) 號文件，2021 年 2 月 4 日。取自 https://www.legco.gov.hk/yr20-21/chinese/panels/ed/papers/ed20210108cb4-494-1-c.pdf

行政長官辦公室：《北部都會區發展策略報告書》。香港：政府物流服務署，2021 年。取自 https://www.policyaddress.gov.hk/2021/chi/pdf/publications/Northern/Northern-Metropolis-Development-Strategy-Report.pdf

社會福利署：〈大埔區及北區人口分佈〉，2021 年。取自 https://www.swd.gov.hk/tc/index/site_district/page_taipoandno/sub_districtpr/

社會福利署：〈元朗區人口簡況〉，2021 年。取自 https://www.swd.gov.hk/tc/index/site_district/page_yuenlong/sub_districtpr/

社會福利署：〈屯門區人口簡況〉，2021 年。取自 https://www.swd.gov.hk/tc/index/site_district/page_tuenmun/sub_districtpr/

非物質文化遺產辦事處：〈首份香港非物質文化遺產清單〉，2014 年。取自 https://www.hkichdb.gov.hk/download/1f7da2b5-6a79-4e2b-a1b5-e9fd73c8ab58.pdf

政府統計處：《香港的發展（1967-2007）：統計圖表集》。香港：政府統計處，2008 年。

香港特別行政區政府：〈達德學院珍貴文物展出〉（新聞稿），2005 年 6 月 28 日。取自 https://www.info.gov.hk/gia/general/brandhk/280605c2.htm

香港教育委員會：《香港教育委員會報告書》。香港：香港政府印務局，1963 年。

教育統籌局：〈鄉村學校的改善計劃：立法會問題第 20 條（書面答覆）〉，2001 年 3 月 7 日。取自

https://www.edb.gov.hk/tc/about-edb/press/legco/replies-written/2012/20040129116461.html

Education 1912, 1913. Retrieved from https://sunzi.lib.hku.hk/hkgro/view/b1912/51912024.pdf

Education 1939, 1940. Retrieved from https://sunzi.lib.hku.hk/hkgro/view/b1939/51939024.pdf

Educational 1909, 1910. Retrieved from https://sunzi.lib.hku.hk/hkgro/view/b1909/51909027.pdf

Report of the Director of Education for the Year 1925, 1926. Retrieved from https://sunzi.lib.hku.hk/hkgro/view/a1925/574.pdf

Report of the Inspector of Schools for the Year 1906, 1907. Retrieved from https://sunzi.lib.hku.hk/hkgro/view/s1907/1975.pdf

The Hong Kong Government Gazette: Government Notification No. 387, 8 July 1899. Retrieved from https://sunzi.lib.hku.hk/hkgro/view/g1899/629806.pdf

The Hong Kong Government Gazette: Government Notification No. 394, 15 July 1899. Retrieved from https://sunzi.lib.hku.hk/hkgro/view/g1899/629869.pdf

校刊及紀念特刊等

大埔公立學校:《大埔公立學校 1983-1988 五年大事記》。香港:大埔公立學校,1988 年。

大埔公立學校:《大埔公立學校十週年紀念特刊 1983-1993》。香港:大埔公立學校,1993 年。

大埔公立學校:《大埔公立學校三十週年紀念特刊》。香港:大埔公立學校,2013 年。

大埔舊墟公立學校:《大埔舊墟公立學校二十五周年特刊 1964-1989》。香港:大埔舊墟公立學校,1989 年。

大埔舊墟公立學校:《大埔舊墟公立學校創校 50 周年特刊 1964-2014》。香港:大埔舊墟公立學校,2014 年。

大埔舊墟公立學校:《大埔舊墟公立學校創校 55 周年特刊 1964-2019》。香港:大埔舊墟公立學校,2019 年。

中華基督教會拔臣小學:《中華基督教會拔臣小學創校一百周年特刊》。香港:中華基督教會拔臣小學,2020 年。

中華基督教會香港區會:《中華基督教會香港區會直屬小學聯合畢業典禮專刊》。香港:中華基督教會香港區會,1972 年。

打鼓嶺嶺英公立學校:《打鼓嶺嶺英公立學校 1958-2008 金禧校慶紀念特刊》。香港:打鼓嶺嶺英公立學校,2008 年。

打鼓嶺嶺英公立學校:《打鼓嶺嶺英公立學校 1958-2018 鑽禧校慶紀念特刊》。香港:打鼓嶺嶺英公立學校,2018 年。

拔臣學校:《拔臣學校五十周年特刊》。香港:拔臣學校,1971 年。

金錢村何東學校、金錢村何東幼稚園:《金錢村何東學校 60 周年校慶:金錢村何東幼稚園 39 周年校慶暨 2 層教學大樓及圖書館啟用典禮紀念特刊 1954-2014》。香港:金錢村何東學校,2014 年。

金錢村何東學校、金錢村何東幼稚園:《傳承何東 65 載:童真教育展未來》。香港:金錢村何東學校,2020 年。

粉嶺公立學校:《粉嶺公立學校七十五周年鑽禧校慶》。香港:粉嶺公立學校,2011 年。

荃灣公立何傳耀紀念小學:《荃灣公立何傳耀紀念小學八十周年校慶特刊》。香港:荃灣公立何傳耀紀念小學,2008 年。

荃灣公立何傳耀紀念小學：《荃灣公立何傳耀紀念小學九十周年校慶特刊》。香港：荃灣公立何傳耀紀念小學，2018 年。

荃灣公立學校、荃灣公立何傳耀紀念中學：《荃灣公立學校七十週年荃灣公立何傳耀紀念中學二十週年校慶聯合特刊》。香港：荃灣公立學校，1997 年。

荃灣公立學校：〈校長手記：更改校名的緣由〉，《荃公校訊》，2006 年，第 31 期，頁 2。取自 http://www.twpsch.edu.hk/schoolnews/doc/31.pdf

國民學校：《國民學校 1987-1988 年畢業特刊》。香港：國民學校，1988 年。

國民學校：《國民學校畢業典禮暨東莞梁玉堂紀念圖書館啟鑰特刊》。香港：國民學校，1986 年。

國民學校：《國民學校創校 120 周年紀念刊》。香港：國民學校，2019 年。

張帝弼編：《鐘聲學校：大橋村年代歲月留痕（1934-1957）》。香港：鐘聲學校，2021 年。

惇裕學校：《惇裕學校八十周年校慶特刊》。香港：惇裕學校，2019 年。

梅窩學校：《梅窩學校八十周年紀念特刊》。香港：梅窩學校，2019 年。

黃允中、王玉麟：《鐘聲學校概況 2001-2010》。香港：鐘聲學校，2010 年。

新界鄉議局元朗區中學：《新界鄉議局元朗區中學銀禧紀念特刊》。香港：新界鄉議局元朗區中學，1992 年。

葉玉萍編：《細說中華基督教會香港區會小學歷史》。香港：中華基督教會香港區會小學校長會，2016 年。

鳳溪公立學校：《上善若水：從村校到服務社群 1932-2007》。香港：鳳溪公立學校，2007 年。

鳳溪公立學校：《鳳溪公立學校七十五周年鑽禧紀念特刊》。香港：鳳溪公立學校，2007 年。

鳳溪公立學校：《鳳溪公立學校八十五周年校慶特刊》。香港：鳳溪公立學校，2017 年。

鄭家瑞、區維樑：《「粉公」慶祝金禧特刊》。香港：新報，1986 年。

鄭家瑞：《粉公情思》。香港：粉嶺公立學校，2017 年。

鳴謝 　* 學校／機構名稱按中文筆畫排序

本書內容經多番考證修訂，編著者李子建、鄭保瑛、鄧穎瑜及香港教育大學香港教育博物館團隊，謹此致謝中華書局（香港）出版社的鼎力支持，並感謝以下一眾學校、機構和每一位的支持、分享和賜正，並為本書提供珍貴的照片：

學校／機構	
八鄉中心小學	黎婉姍校長
	蔡玉寧博士
	楊惠蓮女士
	鄧鏡河副校長
上水區鄉事委員會	廖世鴻先生
	黃思琪小姐
上水鄉鄉公所	廖家樂先生
	廖汶琪小姐
大埔浸信會公立學校	蔡碧蕊校長
	何惠玲女士
	林小康先生
	林秋霞女士
大埔舊墟公立學校	張麗珠校長
	林惠玲女士
	羅錦全先生
	陳志超先生
	鄭敏嫻副校長
	徐麗裘老師
大澳鄉事委員會	陳潔華女士
中華基督教會拔臣小學	鍾惠娟校長
	鄧英敏先生
	張偉良先生
古物古蹟辦事處	

（續上表）

打鼓嶺嶺英公立學校	朱國強校長
	杜錦貴先生
	黃偉東先生
	李俊民先生
沙頭角中心小學	馮瑞蘭校長
非物質文化遺產辦事處	
東義造船業總商會	梁國明先生
	鍾甜妹女士
金錢村何東學校	吳毓琪校長
	陳朝基先生
	侯樹球先生
	伍麗冰副校長
政府檔案處歷史檔案館	
香港大學圖書館	
香港文化博物館	
香港公共圖書館	
香港特別行政區政府新聞處	
香港記憶	
香港歷史博物館	
粉嶺公立學校	余美賢校長
	何瑞明女士
	李榮基教授
荃灣公立何傳耀紀念小學	朱慧敏校長
	王玉玲女士
	傅成志先生
	陳浩源先生
	鄭頌霖主任
荃灣公立何傳耀紀念中學	
福德學社小學	陳劍青校長
國民學校	郭婉琪校長
	黃成就先生
	李慶欣先生
	樊麗貞副校長

（續上表）

惇裕學校	陳杏軒校長
	文祿星先生
	文富穩先生
	文富財先生
	文偉昌先生
	文炳喜先生
	姜小康主任
	曾瑞如行政主任
梅窩學校	郭敏麗校長
	袁哲之先生
	佘基本先生
	黃曉艷小姐
鳳溪第一小學	朱偉林校長
	廖子良先生
	潘幸慧小姐
	廖超華先生
	嚴慧思小姐
鳳溪公立學校	
錦田鄉事委員會	鄧賀年先生
	鄧滿堂先生
	鄧達兼先生
	鄧有光先生
	鄧浩然先生
	鄧偉添先生
	周雅怡小姐
鐘聲學校	王玉麟校長
	張綺芳女士
	陳求德醫生
	譚志源先生
	鍾港武先生
	張帝弼先生
South China Morning Post（南華早報）	
The National Archives of the UK（英國國家檔案館）	

（續上表）

個人
田仲一成教授
江啟明先生
何偉全先生
何連發先生
何蓮娣女士
廖迪生教授
廖崇興先生
廖駿駒先生
鄭寶鴻先生
樊森記先生
Professor Janet Lee Scott（施天賜教授）

場地提供
一家人士多
集古齋

林蔭下教育

新界和離島學校的故事

編著

李子建　鄭保瑛　鄧穎瑜
黃詠筠　陳君堯
香港教育大學香港教育博物館

主編

李子建　鄭保瑛　鄧穎瑜

責任編輯　郭子晴

裝幀設計　簡雋盈

排　　版　簡雋盈

印　　務　劉漢舉

出版

中華書局（香港）有限公司

香港北角英皇道 499 號北角工業大廈 1 樓 B

電話：（852）2137 2338

傳真：（852）2713 8202

電子郵件：info@chunghwabook.com.hk

網址：http://www.chunghwabook.com.hk

發行

香港聯合書刊物流有限公司

香港新界荃灣德士古道 220 - 248 號

荃灣工業中心 16 樓

電話：（852）2150 2100

傳真：（852）2407 3062

電子郵件：info@suplogistics.com.hk

印刷

美雅印刷製本有限公司

香港觀塘榮業街 6 號海濱工業大廈 4 樓 A 室

版次

2022 年 7 月初版

©2022 中華書局（香港）有限公司

規格

16 開（230mm x 170mm）

ISBN

978-988-8807-82-6

封面圖片來源：

打鼓嶺嶺英公立學校

香港大學圖書館

香港政府新聞處

香港教育大學香港教育博物館

廖駿駒先生

鐘聲學校